Martin Dibelius
Selbstbesinnung des Deutschen

Martin Dibelius

Selbstbesinnung des Deutschen

herausgegeben

von

Friedrich Wilhelm Graf

Mohr Siebeck

Die Deutsche Bibliothek – CIP-Einheitsaufnahme

Dibelius, Martin:
Selbstbesinnung des Deutschen / Martin Dibelius.
Hrsg. von Friedrich Wilhelm Graf. –
Tübingen : Mohr Siebeck, 1997
   ISBN 3-16-146759-0

© 1997 J.C.B. Mohr (Paul Siebeck) Tübingen

Das Buch wurde von Gulde-Druck in Tübingen aus der Bembo gesetzt, auf archivfähiges Papier der Papierfabrik Niefern gedruckt und
von der Großbuchbinderei Heinrich Koch in Tübingen gebunden.
Den Umschlag entwarf Alfred Krugmann in Freiberg/Neckar.

Vorwort des Herausgebers

Die geschichtspolitischen Kontroversen über Daniel Jonah Goldhagens »Hitler's Willing Executioners. Ordinary Germans and the Holocaust« haben erkennen lassen, daß die Frage nach der Verantwortung der Deutschen für die während der nationalsozialistischen Diktatur verübten Verbrechen zu den Grundproblemen der neueren Geschichtswissenschaft gehört, die sich immer neu stellen. Zugleich ist in den letzten Jahren die Einsicht in die Historizität der Angebote gewachsen, in denen Schuld und Verantwortung der Deutschen zu deuten versucht werden.

Viele der Wahrnehmungs- und Interpretationsmuster, die die öffentlichen Debatten jenseits der akademischen Spezialistendiskurse bis heute prägen, sind schon in den ersten Nachkriegsjahren formuliert worden. Die Quellen dieser frühen Schulddebatte, die unmittelbar nach dem Zusammenbruch des Deutschen Reiches bzw. dem Sieg der Alliierten geführt wurde, sind erst zum Teil erschlossen.

Im folgenden wird eine historisch-theologische Analyse der Schuld der Deutschen dokumentiert, die der Heidelberger liberalprotestantische Theologe Martin Dibelius Anfang 1946 schrieb. Der zunächst nur zur Selbstverständigung und für einige Freunde verfaßte Text konnte wegen Einwänden der Zensurbehörden der französischen Militärregierung 1946/47 nicht gedruckt werden.

Herrn Professor Ulrich Dibelius, Gauting, danke ich freundlich für die Genehmigung, den nachfolgenden Text zu publizieren, sowie für Auskünfte zur Lebensgeschichte seines Vaters. Herr Dr. Karl-Heinz Fix, Augsburg, hat mir wertvolle Informationen über das gelehrtenpolitische Engagement von Martin Dibelius mitgeteilt. Herr Verleger Georg Siebeck hat die Einsichtnahme in die Korrespondenz zwischen seinem Vater Hans-Georg Siebeck und Martin Dibelius ermöglicht. Auch ihnen danke ich herzlich. Dank gebührt schließlich der Fritz-Thyssen-Stiftung, Köln, die in den letzten Jahren ein Forschungsprojekt des Herausgebers zu den transnationalen Kommunikationsnetzen deutscher liberaler Universitätstheologen gefördert und die Arbeit am Nachlaß von Martin Dibelius ermöglicht hat.

24. Dezember 1996   Friedrich Wilhelm Graf

Inhaltsverzeichnis

Selbstbesinnung des Deutschen

von

Martin Dibelius

Richard Siebeck in Dankbarkeit gewidmet

|³ Unerhörte Dinge sind geschehen. Wenn wir uns ihrer erinnern, um uns mitten im Gewirr der Stimmen, mitten im Lärm der Forderungen auf uns selbst zu besinnen, so stellen sich drei Phasen eines Geschehens dar, das uns kurz vorher noch unausdenkbar schien.

Zum ersten. Ein großes, gutartiges und ob seines Denkens berühmtes Volk, unser deutsches Volk, verfällt einem Rausch. Tausende, ja Millionen steigern sich in eine Begeisterung hinein, für deren Grad es in unserem Blickfeld sonst kein Beispiel gibt; alles was wir an Bismarck-Jubel, an Hindenburg-Begeisterung, an Kaiser-Byzantinismus erlebten, wirkt schwach und ärmlich neben dem Ausmaß dieses Rausches. Sie berauschen sich an der Erscheinung eines Mannes, der eine merkwürdige Begabung besitzt, sich selber zu berauschen und dies andern zu suggerieren. Er berauscht sich an Liebe und an Haß, und vor allem an Selbstlob. Seine Worte wirken wie Rauschgift erst auf ihn selbst und dann auf die im Taumel der Erregung brüllenden Massen. Und infolge seines Selbstvertrauens und der Zuversicht der anderen kann er das aufbauen, was von seinen Anhängern »unsere herrliche Bewegung« genannt

wird. Und gestützt auf diese Massenbewegung kann er zur
Macht gelangen. Und gestützt auf diese Macht kann er Taten tun, deren erste die Arbeitsbeschaffung, deren letzte
der Krieg ist. Mit dieser letzten Tat aber scheitert er am
Widerspruch der Welt.

Aber nicht die Laufbahn eines Usurpators ist das Uner-
hörte, sondern der Rauschzustand, der das Volk ergreift.
Daß die ihm zujubeln, denen er zu Arbeit und Existenz
verhilft, wer wollte sich des verwundern? Aber Menschen
von Bildung, Erziehung und Rang, geistigem wie physi-
schem, erhöhen das Bild Adolf |⁴ Hitlers über alle bekann-
ten, geliebten und verehrten Bilder unserer Überlieferung
und reden in kultischer Sprache von »dem heiligen Antlitz
des Führers« oder in absichtlicher Blasphemie: »Der Führer
sprach: es werde Licht! und es ward Licht«. Und wer sich
nicht solche Äußerungen erlaubt, der setzt doch seinen
Glauben auf ihn, einen Glauben, dessen gewollte Blindheit
alles Dagewesene übersteigt; denn »Führer, befiehl, wir
folgen!« heißt doch und soll heißen: Du weißt es am besten, wir enthalten uns des Urteils; wir wollen deine Taten
tun. Und was für Taten!

Denn dies ist nun die *zweite Phase*. Im Auftrag des Führers und seiner Bevollmächtigten sind Verbrechen geschehen in einem Ausmaß, das wohl in den finstersten Zeiten
der Menschheitsgeschichte seinesgleichen nicht hat. Als
der Reichstag mit dem Ermächtigungsgesetz jegliches
Kontrollrecht aufgab, erklärte er die Häupter der NS-Partei für frei zur Begehung von Taten und Untaten, den einzelnen Deutschen aber für – vogelfrei. Und nun geschahen
– schon im Frieden – Verbrechen, die kein anständiger
Deutscher um 1900 unserem Lande zugetraut hätte: Die
rechtlosen Morde des 30. Juni 1934, die Judenverfolgung

von 1938, die immer wieder[1] zunehmenden Konzentrationslager-Greuel. Und dann[2] im Krieg: Die Deportation der Juden seit 1940, die Hinrichtungen ohne wirkliche Verhandlung, die Mißhandlung und Tötung der Bewohner besetzter Gebiete, die Tötung des »lebensunwerten Lebens«. Aber dies alles – und noch vieles mehr – geschah nicht von einer Herde von Verbrechern, die das Land überfallen hatte, sondern es geschah durch eine geordnete Staatsführung, die auf dem Dienstweg, »im Zuge« bestimmter Maßnahmen, ihre Befehle gab, es geschah z. T. durch erprobte Beamte, die »pflichtgemäß« wie früher staatliche Regelungen, so jetzt Verbrechen ausführten. Die öffentliche Diskussion hat sich, geleitet von den Nürnberger Anklagen, mehr und mehr den Verbrechen gegen die Fremdvölker, die Bewohner des besetzten Gebietes, zugewendet. Man sollte aber nie vergessen, daß auch Deutsche in Massen in den |5 Lagern zugrunde gingen, daß auch Deutsche gefoltert und hingerichtet wurden und – wie sich ein großer Teil des deutschen Volkes dazu verhielt. Klingt uns nicht noch der kühle Ton im Ohr, mit dem auf die Botschaft von der Hinrichtung eines Bekannten geantwortet wurde: »ja, der war aber auch immer sehr unvorsichtig«? Das geschah bei Fällen, von denen in normalen Zeiten ein einziger ausgereicht hätte, uns das Herz jahrelang zu bewegen! Gewiß, vieles haben die Deutschen nicht gewußt, aber das, was man ihnen durch Andeutungen, Geflüster, Auslandsradio zu wissen gab, hat ihre trägen Herzen wenig erschüttert. Die Verachtung des 1. Gebots, wie sie

---

[1] »Wieder« ist in den Fahnen gestrichen, es steht auch nicht im Typoskript.
[2] In den Fahnen in »erst recht« geändert.

jene berauschten Anbeter des »Führers« übten, zeitigte den Bruch der anderen Gebote. Wer Gott absetzt, erschrickt auch nicht mehr über die Vergehen gegen den Nächsten, wenn sie ihn persönlich nichts angehen. Nicht umsonst hat Luther im Kleinen Katechismus die Befolgung der anderen Gebote vom Halten des ersten abhängig gemacht: »Wir sollen Gott fürchten und lieben, daß wir unserm Nächsten an seinem Leibe keinen Schaden noch Leid tun.«

Zum Dritten. Nun kam das Ende. Erst jetzt sahen wir ein, wie fürsorglich und wie – militärisch Hindenburg und Ludendorff handelten, als sie in dem Augenblick, da ihnen der Weg zum guten Ende versperrt schien, auf Waffenstillstand drängten. Wir erlebten jetzt das Gegenteil, erlebten, daß die Staatsführung das Land, die Städte, die Menschen, die Straßen, die Brücken, die Fabriken preisgab, um sich zu erhalten. Es war ein wahnwitziges Beginnen, die letzte Phase des Rausches.

Und nun hat Deutschland durchgemacht, was kein zivilisiertes Volk in den letzten Jahrhunderten erfahren hat: die völlige Auflösung seiner staatlichen Existenz. Wir übersehen noch nicht, was das im Gefolge hat. Wir ahnen nur, daß der, der seine und der Seinen Taten so gern als »einmalig« pries, hier wirklich etwas Einmaliges geschaffen hat, eines großen Reiches völlige Zertrümmerung, die Übergabe der Macht an vier |⁶ fremde Staaten, die Umkehrung aller Verhältnisse im Innern, das namenlose Elend der Flüchtigen, Ausgebombten, Vertriebenen. Kein Wunder, daß man nach Schuldigen sucht! Jeder sieht, daß Hitler diese Verwüstung nur anrichten konnte, weil er diese unumschränkte Macht besaß, und daß er diese Macht erlangt hatte durch die Art und die Größe seiner Gefolgschaft. Die Gefolgschaft aber war eingespannt in den Rahmen der Par-

tei. Also, so schließt man, sind die Parteigenossen schuld.
Wer wirklich den Dingen auf den Grund gehen will, kann
sich freilich bei diesem üblichen Urteil nicht beruhigen.

Und vor allem kann es der Christ nicht. Denn er weiß,
daß die Verteilung der Schuld vor Gott immer anders liegt
als Menschen sie sehen, daß die althergebrachte Scheidung
von Gerechten und Ungerechten durch das Evangelium
verworfen wird und daß mancher Zöllner »hinabgeht gerechtfertigt« vor dem Pharisäer. Der Christ darf also das
übliche Urteil nicht einfach nachsprechen, darf sich aber
auch nicht bei dem bloßen Nichtwissen beruhigen, sondern muß beim Überdenken der verhängnisvollen 12 Jahre
sich immer wieder fragen: Wie kam es? Was hätte anders
sein müssen? Wie hätte ich mich anders verhalten können?
Denn wenn es christlichem Denken entspricht, bei jedem
Verhängnis des privaten Lebens diese Fragen zu stellen, so
kann er sie bei diesem maßlosen Unheil seines Volkes erst
recht nicht übergehen. Und niemand darf sich vor diesen
Fragen verschließen, jedermann hat sich ihnen zu stellen,
auch – das sei ausdrücklich bemerkt – der Schreiber dieser
Zeilen!

Es gibt eine sehr bequeme Art, diesen Fragen zu ent-
kommen. Man braucht die Verantwortung nur auf Kon-
zentrationslager, Judenverfolgung und Krieg zu beschrän-
ken, so wird man alsbald die Rechtfertigungen verneh-
men: von den Lagern habe ich nichts gewußt, über die Judenverfolgungen habe ich mich entsetzt, gegen den Krieg
habe ich immer Bedenken gehabt. Auch wenn das alles,
zumal das letzte, wahr wäre: Das Verhängnis begann früher
und die Schuld sitzt tiefer. Wer sich |[7] und sein Volk vor
Gottes Richterstuhl stellen will, muß geschichtliche Über-
legungen anstellen, so gut es ihm möglich ist. Und aus die-

ser Überlegung allein kann beides erwachsen: ein rechtes
Bekennen – denn dazu muß man erst wissen, was man zu
verantworten hat – und ein rechtes Verhalten zu den anderen Völkern – denn dazu muß man wissen, wie und warum
sich unsere Wege von den ihren getrennt haben. Geschichtliche Besinnung, angestellt um uns zu einer wirklichen Beichte vor Gott zu befähigen – das ist es, was wir
versuchen.

I.

Wir fragen uns ganz nüchtern zunächst in die Vergangenheit zurück. Hitler wurde Reichskanzler auf parlamentari-
schem Wege. Seine Partei war durch freie Wahlen zur
stärksten Partei des Reichstags geworden, dem er persönlich nicht angehörte. Seine Partei konnte im Bunde mit
den immer Nein-sagenden Kommunisten jedes Gesetz
verhindern. Diese Konstellation zwang den Reichskanzler
Brüning, beständig mit dem Ausnahme-Artikel 48 der
Reichs-Verfassung zu regieren. Diese Konstellation veranlaßte den Reichspräsidenten von Hindenburg – nachdem
er vergeblich in die Regierungsversuche mit Papen und
Schleicher ausgewichen war – Hitler, den Besitzer der
stärksten Macht, zum Kanzler zu berufen.

Wer aber hatte ihm die Macht verschafft? Hier müssen
diejenigen genannt werden, die man in der Diskussion der
Schuldfrage immer vergißt und die doch im eigentlichen
Sinn des Wortes »schuld daran« sind, die Wähler, die am
14. September 1930 die Nationalsozialisten zur stärksten[3]
Partei des Reichstags machten.

---

[3] In den Fahnen in »zweitstärkste« korrigiert.

Diese Wählermassen wirklich zu analysieren, ist natürlich nicht möglich. Aber nach allen Erfahrungen der folgenden Jahre lassen sich doch mit annähernder Gewißheit drei Gruppen herausheben, die sich unter den Wählern befunden haben:

|8I. Die wirklichen alten Kämpfer; älteste Mitglieder; seit 1925 neu eingetretene; Saalschlachthelden; dazu Primitive, Entwurzelte und Enttäuschte, Opfer der Deflation, Arbeitslose.

II. Neu hinzugekommen: Mitglieder der Beamten- und Offiziersfamilien, bisherige Deutschnationale, apolitische Bürgerliche, Kirchliche evangelischen Bekenntnisses, vor allem aus Norddeutschland.

III. Neu hinzugekommen: Die neue Wählergeneration, geboren 1908–10, voll Mißtrauen gegenüber den »alten Parteien«, zu radikal, um deutschnational zu sein, zu antibürgerlich für die DVP oder DDP (nunmehr vollends bürgerlich als »Staatspartei«) – und darum eben national-radikal, d.h. nationalsozialistisch.

Die Gruppe I bedarf keines Kommentars. Bei Gruppe III kann man fragen, warum und inwiefern sie in der Mehrzahl nicht radikal = pazifistisch geworden sei. Zu antworten ist, daß der Friedensvertrag von Versailles und seine Handhabung etwaige Regungen von Pazifismus schwer diskreditierten. Noch unmittelbarer aber hat auf Gruppe III wohl das Verhalten Frankreichs 1925–30 gewirkt: daß das meiste, was uns als selbstverständliche Folge des Vertrags von Locarno geweissagt war, unterblieb; daß Mißtrauen statt Vertrauen weiterhin herrschte; daß die Besatzung deutscher Landesteile endgültig erst nach 5 Jahren, am 30.6.1930, verschwand. Die Empörung der Jugend,

die dies in ihrem empfänglichsten Alter erlebte, ist verständlich; der Übergang zu einer Partei, die versprach, mit
diesem ganzen System zu brechen, begreiflich.

Könnte man als Gegenzeugen einen Franzosen heranziehen, so würde er etwa antworten: Die Folgen, die Herr
Briand als selbstverständliche Konsequenzen des Locarno-
Abkommens ansah, sind ausgeblieben, weil wir kein Vertrauen zu Deutschlands Friedenswillen und der Zuverlässigkeit seiner republikanisch-demokratischen Gesinnung
haben konnten. Zu aufdringlich ertönten die Aufrüstungs-
Losungen deutschnationaler Krei|[9]se; zu sichtbar war die
Verachtung, die der Reserve-Offiziers-Typ der Republik
und ihren Farben (»schwarz-rot-Hühnerdreck«) angedeihen ließ. Wollte man weiter zurückgehen, so müßte man
die Ursachen aller Verwirrungen in der Zeit vor dem ersten Weltkrieg aufsuchen. Es wäre des Tiefschürfens[4] kein
Ende, und jede Anklage könnte durch Gegenzeugen in eine noch ältere Generation hinübergespielt werden. Alle
diese politischen Aufrechnungen aber waren nicht im Sinn
der jungen Wählerschaft von 1930. Sie wollte ihr Leben
nicht unter die Schatten von Versailles stellen, sie wollte
sich auch von der Vorkriegszeit innerlich lösen und sie
wollte erst recht nichts mit dem »vergreisten« Parteitreiben
der letztvergangenen Jahre zu tun haben.

Im Nationalsozialismus fanden sie eine Partei, die keine
»Partei« war; eine Politik, die bewußt naiv und dilettantisch sein wollte; eine Aktionsfreudigkeit, die alle bürokratischen, parteipolitischen und völkerbundlichen Hindernisse für Einbildungen erklärte. Bereits am Anfang des
Jahrhunderts sah ein kluger Dichter eine Jugend herauf-

---

[4] In den Fahnen in »Tieferschürfens« korrigiert.

kommen, die er mit den Worten »mehr Haltung, weniger Geist« charakterisierte. Was sich hier in Gruppe III zusammenfand, das waren Extremisten dieser Jugend: lauter Haltung, Formen, Symbole, Zurufe, emporgereckte Arme – kein Wissen um die Dinge, keine Ahnung von den Verwicklungen des Völkerlebens, keine wirkliche Verantwortung, kein »Geist« …

II.

Besonders bezeichnend für die deutschen Verhältnisse aber ist unter den vermutlichen Wählern des 14. Septembers 1930 die zweite Gruppe. Der Nationalsozialismus begann unter den Beamten, unter den Reserveoffizieren, unter den evangelisch-kirchlichen und anderen »staatserhaltenden« Kreisen aus dem Kaiserreich Erfolg zu haben – es war ideell der größte Erfolg, |10 den er überhaupt haben konnte. Um ihn zu verstehen, muß man den Blick ins 19. Jahrhundert zurückwenden.

Der deutsche *Beamte* zur Zeit des Alten Kaisers war in der Mehrzahl der Fälle seinem jeweiligen Bundesstaat und dessen »angestammtem Herrscherhaus« verpflichtet. Das schloß Kritik nicht aus, aber es war eine Kritik, wie sie in der Familie von Verwandten geübt wird; niemals hätte man sie in der[5] Presse bringen mögen. Man hatte Staatsgesinnung, aber man machte nicht Politik. Die Leitung der Reichsgeschäfte, also der eigentlich »großen Politik« durch den Fürsten Bismarck brachte es mit sich, daß Außenseiter in die wesentlichen Dinge keinen Einblick bekamen. Sie blieben Geheimnis des großen Zauberers. So erklärt es

---

[5] In den Fahnen in »die« korrigiert.

sich, daß die staatserhaltenden Kreise durch Bismarck nicht politisch erzogen wurden; sie beschränkten sich auf loyale Gesinnung, da sie sehr oft nicht wußten, wohin das Staatsschiff gesteuert wurde. Nach der Niederlage von 1918 schien dieser Menschengruppe ein großer Teil ihrer Welt versunken zu sein. Parlamentsregierung, Abgeordnete als Minister, keine Rangordnung, keine Orden mehr! Ja, auch dies letzte gehörte dazu, denn Hofrang und Orden gestalteten die Hierarchie des zivilen Beamtentums: Vom Minister bis zum Austräger wußte jeder, wo er hingehörte. Und diese Hierarchie war ein menschlicher Ausdruck der gottgegebenen Abhängigkeiten; jeder hatte auf seiner Stufe zu dienen, so gut er konnte. Dies alles war in der Republik von Weimar aus seiner Ordnung geraten. Man hatte auch jetzt zu dienen, aber die Politik störte den Dienst, brachte Außenseiter in hohe Stellungen; die Ziele steckten Parteien[6] und die Entscheidung kam von Majoritäten. Nun stellte sich der Nationalsozialismus in seiner Partei selbst als ein wohlgegliederter Aufbau dar und versprach die gleiche Ordnung auch für den von ihm zu schaffenden Staat. Hier war in neuen Formen ein Wiederaufleben des alten Ideals zu hoffen. So wurden zahlreiche »staatserhaltende« Kreise Schrittmacher der neuen Revolution.

|[11] Man mag diese Kreise *reaktionär* schelten. Sie waren es, gewiß. Sie hätten staatstreu sein können und doch nicht so dem Alten zugewandt. Daß sie reaktionär blieben, wer oder was trägt die Schuld? Die geopolitische Zusammensetzung Deutschlands, vermöge deren der Osten so viel patriarchalischere Verhältnisse aufwies als der Westen, die geschichtliche Entwicklung, die Preußen zum Zentrum des

---

[6] In den Fahnen in »Parteien,« korrigiert.

Reiches und seine Organisation zum maßgeblichen Bilde Deutschlands machte? Sicher aber auch die unerforschliche Fügung, die den Alten Kaiser so lange, seinen Sohn so kurz an Leben und Regierung erhielt. Dem alten Herrn zuliebe, dem die ganze Kaiserherrlichkeit fremdartig war, hatte Bismarck den Bau des neuen Reiches nur im Großen aufgeführt; unter dem Sohn konnte dies alles ergänzt, erweitert und gefestigt werden. Statt des Sohnes, der den Bau hatte erstehen sehen, kam der Enkel, dem das übernommene Reich unantastbares heiliges Vermächtnis war. So wurde gehemmt, was nur natürliche Fortentwicklung gewesen wäre; so wurden konservative und fortschrittliche Kräfte einander entfremdet; und in den Monaten seines Abgangs sann der alte Kanzler selbst mehr auf Zerstörung als auf Weiterbildung der Verfassung. So entstand keine Verbindung zwischen den Mächten, die Preußen gegründet und groß gemacht hatten, und den Bestrebungen, die es der übrigen Kulturwelt angleichen wollten; die konservativ-liberale Paarung im Bülow-Block 1907–09 blieb ein kurzlebiger Versuch. So mußten die Vertreter der alten staaterhaltenden Tendenzen in der Republikzeit aus dem Ressentiment leben und darum dem Versucher anheimfallen, der ihnen die alte Bedeutung zu geben verhieß. Die Verführung konnte Hitler umso eher gelingen, als er die stärkste Kraft der konservativen Kreise an- und aufrief: den Soldatengeist.

III.

Damit berühren wir das vielverhandelte Problem des *Militarismus*, und das, was man den Geist von Potsdam heißt. |[12] Man verkennt wichtige geschichtliche Entwicklungen,

wenn man mit diesen Namen unterschiedslos alles be-
nennt, was von König Wilhelms Heeresreform bis zum
8. Mai 1945 erst in Preußen, dann in Deutschland Waffen
getragen hat. Was die alte, vom Kriegsminister von Roon
geschaffene Armee von der späteren, vor allem aber von
der Wehrmacht des Dritten Reiches trennte und was uns
darum zwingt, zwischen diesem und jenem Militarismus
zu unterscheiden, lässt sich in drei Sätzen sagen:

1) Die alte Armee wollte eine breite, verhältnismäßig ju-
   gendliche Masse von Soldaten schaffen, aber nicht eine
   totale Volksbewaffnung durchführen.
2) Die alte Armee sollte kriegsbereit sein, aber nicht
   kriegserzeugend; sie sollte als Friedensinstrument eine
   hohe Schule der Ordnung und Zucht bilden.
3) Die alte Armee stellte sich selbst unter die Bindung an
   Gott; sie war auf ein christliches Fundament gegründet
   und brachte das in ihren Formen und Feiern zu echtem
   Ausdruck.

1)[7] Es geht nicht an, unsere Erfahrungen des totalen
Krieges und unsere Eindrücke vom Volkssturm einfach aus
dem alten Militarismus Preußen-Deutschlands abzuleiten.
Die Männer, die die Armee unter König Wilhelm I. neu
schufen, wußten nur zu genau, daß die Verherrlichung der
Landwehr und ihres Dienstes in den Befreiungskriegen nur
für die Erhebung von 1813 zutraf, im übrigen aber auf einer poetischen Legende von der allgemeinen Volksbewaffnung beruhte. Sie wußten auch, daß der Bürger, der eine
Familie gegründet hat, normalerweise nicht auf kriegerische Tätigkeit bedacht ist. »Seine Seele hängt an seinen

---

[7] Im Typoskript »4)«.

Feldern, seinem Meißel, seinem Leisten; an seiner Heimat, nicht an seiner Fahne. Es soll ihm kein Vorwurf daraus gemacht werden«. – Diese illusionslose Bemerkung steht in Roons Denkschrift vom Jahre 1858! Die Heeresreform ging infolgedessen darauf aus, das aktive Heer und die Reservisten stark und kräftig zu halten, die älteren Landwehrmänner aber vornehmlich als Besatzungstruppen anzusetzen. Das hat sich |[13] schon 1870 nicht völlig durchführen lassen; die beiden Weltkriege aber zeigen ein völlig verändertes Bild. Die Not zwingt zur Erfassung auch der Mindertauglichen, der Jugendlichen, der Kinder und der Alten. Man hört nicht auf die Warnung, die in der Erschöpfung des für die Truppe bestimmten Menschenreservoirs liegt. Man hält es – im Gegensatz zu jeder militärischen Erfahrung – für möglich, durch Ausnutzung der Ungeeigneten den Endsieg zu erzwingen, den die felddienstfähigen Truppen nicht hatten erfechten können. Man verbietet schon den Gedanken an rechtzeitigen Kriegsschluß, solange der Volkskörper nicht ausgeblutet ist. Und dann wundert man sich, wenn die Soldaten neu herangezogene Truppen als »Streikbrecher« begrüßen (1918) und die Generäle Kriegsgegner werden und selbständig kapitulieren (1943–44).

Dieser höchst unmilitärische Militarismus ist aber nicht der Geist von Potsdam, denn er hat die Lehren der Potsdamer Exerzierplätze in den Wind geschlagen! Das alles war möglich, weil inzwischen ein großer und wichtiger Teil des Bürgertums sich entbürgerlicht und militarisiert hatte. Es geschah das durch die Institution des *Reserve-Offiziers*. Sie entsprach ursprünglich durchaus der militärischen Planung: man wollte junge Männer, deren Bildung das erlaubte, als »Einjährig-Freiwillige« schneller ausbilden und

so für den Ernstfall geeignete Hilfsoffiziere schaffen; die
Übungen im Frieden sollten ihre militärischen Fähigkeiten
erhalten und bessern, aber auch die Menschen mit den
Überlieferungen der Armee und des betreffenden Trup-
penteiles in Beziehung setzen. Durch die Ausführung dieses Gedankens wurde aber im Bürgertum eine soziale Kluft
aufgerissen. Nur der »Einjährige« wurde Reserve-Offizier,
der einjährige Dienst hing von der Bezahlung des Lebens-
unterhaltes durch den Vater ab; wenn aber der Vater hinter
dem Ladentisch stand, konnte der Sohn – in den meisten
Kontingenten – nicht Reserve-Offizier werden.

|[14] Vor allem aber trug diese Einrichtung dazu bei, die
Bildungsschicht des Bürgertums zu militarisieren. Denn
erst der Reserve-Offizier galt vor dem ersten Weltkrieg in
bestimmten Kreisen als wirklich gesellschaftsfähig. Jeder
nationale Feiertag sah den Studienrat, den Assessor im
bunten Kleide und auf der Verlobungsanzeige des jungen
Mannes durfte die Angabe »Leutnant der Reserve in dem
und dem Regiment« nicht fehlen (wobei der Kundige aus
der Regiments-Nummer auf die Art des gesellschaftlichen
Ranges oder die Höhe des väterlichen Vermögens schloß).
Hier wurde – im Gegensatz zu jener Roonschen Charakteristik des Bürgers – der Nebenberuf zum Hauptberuf,
das Soldatenspielen in der Gesellschaft wichtiger als die
Übung im Sande des Exerzierplatzes, der Schein höher ge-
wertet als das Sein. Und nun wurde auch der militärische
Sitten- und Ehrenkodex auf das Bürgertum übertragen
und dieses dadurch der freien sittlichen Entscheidung be-
raubt, denn »ich als Offizier« kann diese und jene Frage nur
eben offiziersmäßig betrachten – also dachte der Richter,
der Lehrer, der Großkaufmann, der Ingenieur. Der »Geist
von Potsdam« war dies alles nicht, denn bei dieser Übertra-

gung auf das Zivil blieb eben »Potsdam« nicht Potsdam, die abgeschlossene Soldatenstadt.

Aber freilich: je mehr man sich diese unheilvolle Entwicklung vergegenwärtigt, desto deutlicher wird hier eine *Schuld*, an der das ganze deutsche Volk beteiligt ist. Entgegen dem eigentlichen Geist von Potsdam wurde in der offiziellen Welt Wilhelms II. der Schein über das Sein gestellt. Die auf den Augenblick berechnete Geste trat an die Stelle kluger, aber verschwiegener Führung der Geschäfte, eine in allen Tonarten sich ergehende lärmende Rhetorik an die Stelle unmerkbarer Lenkung des Volkes. Auch dieser jähe Umschlag wäre so nicht eingetreten, wenn dem alten sparsamen, gewollt schlichten Kaiser der Sohn statt des Enkels gefolgt wäre. Der Neunundzwanzigjährige begann ein neues Regiment, nach innen wie nach außen; seine schillernde Begabung erlaubte es; die brüsk vollzogene Ersetzung |15 des politischen Genies Bismarck durch den gehorsamen General Caprivi ermöglichte es; und – der Beifall des Volkes bestärkte ihn! Aus dem wirklichen Geist von Potsdam kam die ernsteste Kritik: dies sei ein Koburger, kein Hohenzoller. Aber weite Kreise, namentlich der Gebildeten, hatten Freude an dem bunten Spiel der Uniformen und Orden, der Reisen und Paraden, der Empfänge und Besuche. Der mit dem Adlerhelm Geschmückte gleiche dem Schwanenritter Lohengrin, »ein Philister ist er nicht«, »unser herrlicher Kaiser« – so tönte es aus den Reihen der eigentlich zum Urteil Berufenen. Was wir daran kritisieren, ist nicht die Treue zum Monarchen, nicht das Zutrauen zu seinen Fähigkeiten, sondern die urteilslose beifallsfreudige Unterstützung des ganzen lärmenden und äußerlichen Wesens.

Hier liegt Schuld – und verhängnisvolle Folge der

Schuld! Denn als der Zusammenbruch 1918/19 nicht das Reich, wohl aber seine Spitze, nicht ein Heer, wohl aber allen Glanz und – das Institut des Reserve-Offiziers beseitigt hatte, da beklagte das deutsche Volk gerade diesen Verlust lauter als manchen anderen, wichtigeren. Und versuchte unter der Hand einiges davon wieder zu gewinnen: Die Freikorps mit Fahnen und Gesängen, nationale Demonstrationen und Aufmärsche zeigten, wonach man verlangte. Und diese Sehnsucht hat Hitler erfüllt! Seine ersten Anhänger kamen z. T. aus den Freikorps, seine Garden, SA und SS, boten mit Uniformen, Gliederungen, Aufzügen und »Schlachten« gegen das »Untermenschentum« erwünschten Ersatz des Verlorenen; und als er die Wehrpflicht 1935 einführte und somit der Schöpfer eines neuen Heeres wurde, als er 1936 unter Bruch des Locarno-Vertrages auch die bisher neutralisierten Länder am Rhein die lang entbehrten Uniformen sehen ließ, kannte der Jubel keine Grenzen. Die Entartung des Geistes von Potsdam hat dem »Führer« die skrupellose Aufrüstung und damit den Krieg ermöglicht. Diese Entartung im wilhelminischen Zeitalter gefördert zu haben, ihr in der Republikzeit sehnsüchtig nachgetrauert zu haben und dann die be|[16]denkliche Wehrpolitik Hitlers als Erlösung begrüßt zu haben – das ist des deutschen Volkes Schuld!

2) Dabei war der alte Militarismus *keineswegs auf Kriegstreiberei* angelegt. Das zeigt schon die Tatsache, daß trotz steigender Ausgaben im Heeres- und Flottenetat, trotz fortschreitender Modernisierung der Waffen und Schiffe Deutschland, die stärkste Militärmacht zu Lande, 43 Jahre lang, von 1871–1914, Frieden gehalten hat. Das Heer war nicht nur Mittel für den Krieg, sondern weithin Selbstzweck. Das war ein Übelstand, wenn man an die damit

verbundene gesellschaftliche Kastenbildung denkt, von der schon die Rede war. Es war aber ein Gewinn, wenn man an die körperliche und sittliche Schulung denkt, die der junge Mann im Heere durchmachte. Es war der wirkliche Geist von Potsdam, mit dem er hier in Berührung kam, der Geist der Zucht, der Unterordnung, des entschlossenen Handelns. Man ging soweit, mitten im Frieden und ohne die geringste kriegerische Absicht, das deutsche Heer als Unterpfand der Zukunft neben der deutschen Kunst zu preisen, weil es eine große sittliche Potenz darstelle; ein unmilitärischer Gelehrter konnte seinen Stolz bekennen »auf das wundervolle Instrument unseres Heeres«.

Trotzdem ist auch die friedensmäßige Stärkung des Heeres nicht ohne *Schuld* des Volkes zustande gekommen. Denn warum mußte das Deutsche Reich dauernd der am besten gerüstete Staat bleiben? Weil es durch die Angliederung Elsaß-Lothringens Frankreich so verwundet hatte, daß es die Jahrzehnte hindurch wie hypnotisiert auf das »offene Loch in den Vogesen« starrte und bereit war, jedem Staat sich zu verbünden, der ihm im Krieg gegen Deutschland zu helfen fähig und bereit war. Darum wurde der alternde Kanzler vom »cauchemar des coalitions« gedrückt; darum blieb Frankreich für das Volk der »Erbfeind«. Jene Angliederung der »Reichslande« war aus militärischen Gründen gefordert worden: es sollte ein Glacis geschaffen werden; aber sie war zugleich vom Volke stürmisch verlangt worden |[17] als Wiedergutmachung des von Ludwig XIV. an Deutschland begangenen Unrechts. Dabei vergaß man nur eines: zur Zeit Ludwigs XIV. konnte man einer Bevölkerung einen solchen Tausch zumuten; am Ende des 19. Jahrhunderts aber nicht mehr. Tat man es doch, so mußte man das Pulver trocken halten. Kluge Leute, die mit

nationalen Umschaltungsprozessen[8] aus eigener Erfahrung
Bescheid wußten, wie der Balte Julius von Eckardt, damals
Redakteur des »Hamburgischen Korrespondenten«, haben
in Worten gewarnt, die sich heute wie eine Prophetie le-
sen.

Es ist ein eigen Ding um Machtverschiebungen nach
Kriegen. Die Annexionen Preußens nach 1864 und 1866
wurden von weiten Kreisen in Deutschland verurteilt.
Die[9] »Augustenburger«, der Herzog von Schleswig-Holstein, besaß die Sympathien des Volkes, und um sein Bild in
der Dresdener Wohnung seiner Witwe stand das Motto aus
dem 94. Psalm »Recht muß doch Recht bleiben«. Aber
sein Recht hat sich nicht durchgesetzt. Noch mehr wider-
strebte das nichtpreußische Deutschland den Annexionen
von 1866. Typisch ist der Ausbruch in einem damals geschriebenen Privatbrief aus Sachsen: es könne doch nicht
Gottes Wille sein, daß die ganze Welt preußisch werde.
Aber auch das Unrecht, das dem Welfenkönig und den anderen depossedierten Fürsten geschah und das Wilhelm I.
und Bismarck meinten um größerer Ziele willen vertreten
zu können, hat keine weltgeschichtliche Sühne gefunden.
Die Angliederung der »Reichslande« Elsaß und Lothrin-
gen aber, die vom Volk als gerechte Wiedergutmachung
empfunden wurde, sie blieb als Unrecht auf dem Konto
unserer Schuld stehen, sie nötigte zur Steigerung der Rü-
stungsausgaben, sie verursachte schließlich den Krieg von
1914. So rätselhaft sind die Verflechtungen der Völker-
schicksale! Demütig muß jeder werden, der Verantwor-

---

[8] In den Fahnen notierte Dibelius hierzu am linken Rand »Assimi-
lierungsprozessen«.

[9] In den Fahnen in »Der« korrigiert.

tung dafür trägt und bedenkt, daß ein falscher Schritt noch nach Jahrzehnten die furchtbarsten Wirkungen auslösen kann. Es gibt nur einen[10] Herrn der Geschichte, und er redet wie zu Samuel aus dem Dunkel. Uns gebührt es seinem Ruf zu gehorchen, aber nicht seine Wege zu wissen.

|[18] 3) Die *christliche Fundamentierung* des deutschen Militarismus erscheint heute sehr vielen als zweifelhaft. Denn schließlich gab es auch in Hitlers Heer Wehrmachtspfarrer – und doch wurde dieses Heer ohne Verantwortung vor Gott eingesetzt und in widerchristlicher Weise geleitet. Aber es handelt sich bei der alten Armee nicht um Pfarrer und Gottesdienst, sondern um die Grundlage der ganzen Institution.

Das Bündnis von Thron und Altar, das viel kritisierte, beruht auf einer lutherisch-christlichen Auffassung der Welt. Nach Luthers Lehre von den zwei Regimenten, dem geistlichen und dem weltlichen, soll der Staat Macht haben. Luther denkt dabei im Sinn von Römer 13 an die Staatsgewalt, die sich gegen die Bösen richtet. Nationalkriege hat er nicht gekannt; er würde auch bei Auseinandersetzungen dieser Art das Schwert nicht verbannt haben. Das Wesentliche aber an Luthers Auffassung ist dies: auch die Straf- und Schwertgewalt stammt von Gott; die Staatslenker haben den Beruf empfangen, das Schwert zu brauchen. Vorausgesetzt ist dabei, daß die Obrigkeit eine christliche ist, d.h. eine solche, die wirklich durch einen Hinweis auf Gottes Gebot unter Umständen beeinflußt werden kann, die sich jedenfalls ihrer Verantwortung vor Gott bewußt ist. Solch eine Obrigkeit wollte Wilhelm I. sein. Er wollte auch seine Kriege jener Verantwortung un-

---

[10] In den Fahnen unterstrichen und am Rand wiederholt.

terstellen und sein Wort »welch eine Wendung durch Gottes Führung« (nicht bloß »Fügung«, wie oft zitiert wird) war völlig ehrlich gedacht und empfunden.

Dann mußte aber auch das Heer, das Instrument solcher Straf- und Schwertgewalt, nicht nur Pfarrer haben für Gottesdienste der Soldaten, sondern von seinen Führern unter die Verantwortung vor Gott gestellt werden. Und so ist es tatsächlich von den Gründern dieses Heeres geschehen. Daß Wilhelm I., daß Roon, daß zahlreiche hohe Offiziere des deutschen Heeres bis ins 20. Jahrhundert hinein so empfunden haben, ist bekannt. Im Grundsätzlichen hat auch Kaiser Wilhelm II. so denken wollen, obgleich er sich bei lärmenden Reden und theatralischen |[19] Gesten oft genug seiner Verantwortung entschlug. Aber wie stark dieses christliche Bewußtsein am Anfang war, dafür muß noch ein Zeugnis Roons angeführt werden. Er schreibt seinem Freunde Perthes im Beginn des Krieges von 1866 am 26. Juni: »Wenn aber der – vielleicht nicht deutlich gewollte – Kampf einmal entbrannt ist, dann waltet rücksichtslos das rohe Naturgesetz der Selbsterhaltung, und der Bruder zerschmettert wohl den feindlichen Bruder ... Nicht mit dem Fatum kann der Christ solche grauenhafte[11] Vorgänge entschuldigen; sondern nur erklären mit dem Schriftwort: ›die Sünde ist der Leute Verderben‹, womit freilich die Sünde beider Teile gemeint ist ... Im Kampfe der Meinungen wie der Schwerter sich der christlichen Bruderliebe bewußt zu bleiben, als Pflicht, und dennoch das Niederschmettern des Gegners als erkannte notwendige Pflicht zu vollbringen und physisch oder moralisch zu veranlassen: welch ein entsetzlicher Widerspruch, der sich trotz aller Reflexion

---

[11] In den Fahnen in »grauenhaften« korrigiert.

immer von neuem aufdrängt«. Nachdem dann ganz illusionslos die Kraft Preußens, aber auch die Möglichkeit einer Niederlage geschildert ist, die dann »vor Gottes Augen gerecht« wäre, heißt es weiter: »Wohl bitten wir daher um Sieg und danach um einen ehrlichen Frieden, d.h. wenn's Gottes Wille ist; aber gerechter erscheint mir das Gebet um Bewahrung vor Schmach und Schande, das wir täglich im Herzen bewegen sollten!«

Diese Unterordnung der staatlichen Machtmittel unter die Verantwortung vor Gott hat das Bündnis von Thron und Altar befestigt. Der lutherische Summepiskopat der Landesfürsten hatte ja schon in dieselbe Richtung gewiesen und hatte die Zusammengehörigkeit von Kirche und Staat – das hieß aber: Von Landeskirche und monarchischem Staat, der auf Militärmacht (eigener oder preußischer) beruhte – zur Selbstverständlichkeit werden lassen. Dies muß zunächst einmal festgestellt werden: der alte Geist von Potsdam ist ohne Christentum nicht denkbar. Die Strenge der Zucht hat als Korrelat das strenge Pflichtbewußtsein, das den gemeinen Soldaten bindet wie |20 den »obersten Diener des Staates«, den König, das beide darum bindet, weil sie beide unter Gott stehen. Was sie aber unterscheidet, sie beide und auch die anderen Menschengruppen in Heer und Staat, die Rangordnung, die militärische wie die höfisch-zivile, erhält seinen Sinn eben von jenen gottgegebenen Abhängigkeiten. Ohne die religiöse Grundlage zerfalle der Staat in ein zufälliges Aggregat von Rechten, hatte schon der junge Bismarck am 15. Juni 1847 im Vereinigten Landtag erklärt. Wer diesen Anfang des preußisch-deutschen Heeres bedenkt, ist völlig außerstande, die Wehrmacht Hitlers und Himmlers unter dem Stichwort »Militarismus« mit dem Geist von Potsdam gleichzusetzen. Die SS verlangte, daß der Bewerber frei sei von jeder Bindung, die ihn hindere, dem Führer durch Dick und Dünn zu folgen; also frei sei vom Gewissen, frei von Gott (den man trotzdem im Munde führte!). Und dieser Geist der SS sollte durch Himmler auf die gesamte Wehrmacht übertragen werden. Wäre dieser Prozeß zur Reife gediehen, so wäre dies das Ende des Geistes von Potsdam gewesen. Man wußte aber, was man forderte: die Untaten, die der Dienst der SS unter Umständen verlangte, konnten nur Menschen zugemutet werden, die jegliche [!] Bindung an Gott abgeschworen hatten.

Dem Geist von Potsdam war die Fundamentierung der Staatsmacht durch das Christentum eine Selbstverständlichkeit − *aber* eine viel zu große Selbstverständlichkeit! Durch die allzuenge Verbindung mit dem Staat wurde der landeskirchlichen Form des Christentums die Kraft zur Kritik an dem Partner, dem Staat, genommen. Die evangelische Kirche hat dadurch auf Jahrzehnte hinaus jede Möglichkeit der Staatsopposition eingebüßt. Daß keine maßgebende kirchliche oder theologische Gruppe dies einsah, war *Schuld*. Und noch viel größere Schuld entstand, als die Verbindung zwischen Macht und Glaube, weil sie selbstverständlich war, immer einseitiger wurde. Die christliche Fundamentierung des alten Heeres war allmählich von dem großen militärischen Apparat zugedeckt worden. Es blieben Gottes|[21]dienste, Militärgeistlichkeit, das Koppelschloß »Gott mit uns« und ähnliche Dinge; aber grundsätzlich war die Armee schon vor dem ersten Weltkrieg verweltlicht, denn auch die Frömmigkeit war bei vielen zum Patriarchalismus geworden, der an die Gottgegebenheit von Zucht und Rangordnung glaubte. Und an dieser schnellen und gründlichen Verweltlichung zeigte sich, daß auch die ursprüngliche Verbindung von Heer und Christentum nicht bis ins Letzte echt gewesen war. Die Selbständigkeit des Evangeliums war verdunkelt durch die Selbstverständlichkeit seiner loyalen Interpretation.

IV.

Damit stehen wir vor der letzten Frage, die uns die vermutliche Zusammensetzung der Wählerschaft des 14. September 1930 nahelegt, der Frage, warum evangelisch-kirchliche Kreise so zahlreich dem Ruf des Nationalsozialismus gefolgt sind. Denn daß sie es getan haben, damals oder später, steht fest. Die Bewegung der »Deutschen Christen« erhielt 1933 einen übergroßen Zulauf von allen »Richtungen«, wenn sich auch zahlreiche Anhänger bald wieder, kopfscheu geworden, zurückzogen. Das Verhalten der Kirchenleitungen, auch wo sie nicht deutschchristlich waren, ließ, im Gegensatz zu den Bruderräten der »Bekennenden Kirche«, Eindeutigkeit oft vermissen. Daß ganz allgemein der Protestantismus anfälliger für die nationalsozialistische Ansteckung war, als der Katholizismus – gerade was das Kirchenvolk beider Bekenntnisse anlangt – ist nicht zu leugnen.

Es ist übrigens wohl zu begreifen. Der Katholik gehört einer fest gefügten übernationalen Organisation an und weiß auch als loyaler Staatsbürger bei aller Anerkennung des staatlichen Befehls um das Anderssein des göttlichen Befehls, der ihm auf Erden durch außerstaatliche Instanzen, den Papst und den Episkopat, vermittelt wird. Der deutsche Protestant steht als Kirchenchrist keineswegs außerhalb des Staates; seine Landeskirche |22 ist dem Staat eingegliedert, und seine kirchliche Überlieferung mit den

Erinnerungen an den Summepiskopat weist ihn nicht auf eine außerstaatliche Instanz. Seine Kirche wird mehr oder minder von Beamten regiert, die bis 1918 sogar Staatsbeamte waren und in Altpreußen »Königliche Superintendenten« hießen. Von all diesem abgesehen besteht aber auch ein Unterschied zwischen den Konfessionen in der theologischen Begründung des staatlichen Verhaltens. Der Katholik erhält die Weisung für seine politische Stellungnahme vom Amt der Kirche, von päpstlichen Enzykliken, bischöflichen Hirtenbriefen, priesterlichem Rat auf der Kanzel oder im Beichtstuhl. Der Protestant soll sein politisches Verhalten selbst nach seinem Gewissen bestimmen; Kirchenbehörden und Pastoren sollen ihm seine Verantwortung nicht abnehmen; wenn sie ihm einen politischen Rat geben, sind sie keine geistlichen Autoritäten, sondern Staatsbürger, wie er selbst einer ist. Diese unterschiedliche Stellung zur Welt ist zutiefst im Wesen beider Kirchen begründet. Die relative Einheitlichkeit katholischer Politik und die politische Zersplitterung des Protestantismus sind von daher zu verstehen; es geht aber nicht an, in einer Art von theologischem Opportunismus das protestantische Grundprinzip zu ändern, weil seine Folgen in dieser unserer geschichtlichen Periode unheilvoll waren. Der Grundsatz des nur an Gott, aber an keine menschliche, auch keine kirchenbehördliche Instanz gebundenen Gewissens schloß immer ein erhebliches Irrtums-Risiko ein. Aus den unheilvollen Folgen, die in unserer Zeit daraus entstanden sind, haben wir zu lernen für künftige Fälle; wir haben aber nicht, ängstlich geworden, die evangelische Kirche zu katholisieren. Also fragen wir, wie es kam, daß evangelisches Kirchenvolk so zahlreich der nationalsozialistischen Parole folgte.

Auch hier hat die Überlegung wieder bei der engen Verbundenheit von *Thron und Altar* einzusetzen. Die evangelischen Landeskirchen waren an den Monarchen gebunden (sogar auf gewisse Weise an die katholischen Monarchen in Bayern und Sachsen). |[23] Die Beseitigung der Monarchie wurde daher von den kirchlichen Kreisen meist als Vergehen gegen die christliche Ordnung aufgefaßt. Die republikanische Staatsform sei, so meinte man, nichts für Deutschland; das habe der Gang der Geschichte von 1848–1870 erwiesen. Man dachte ungefähr: Durch Gottes Führung kam das Kaiserreich zustande, durch der Menschen Sünde der Volksstaat. Zu diesem allgemeinen Ressentiment gesellte sich die Erfahrung: Republik bedeutete, wie man an Frankreich zu sehen glaubte, Entkirchlichung; Republik war auch bei uns mit antikirchlicher Tendenz verbunden, und die neuen sozialistischen Machthaber sorgten dafür, daß an ihrem antikirchlichen Radikalismus kein Zweifel blieb. Als aber diese Tendenz durch die Mitarbeit des Zentrums zurückgedrängt wurde, da machte die Verbindung zwischen rot und schwarz die Evangelischen erst recht mißtrauisch. Etwas von dem alten furor protestanticus erhob sich gegen dieses machtvolle und klug geleitete Einschwenken der Mehrheit des katholischen Volkes in die Reihen der Republikaner. Es fielen harte Worte auch von evangelischen Kanzeln, und als eine Schar von Außenseitern unter Theologen und Pfarrern es aus wohlerwogenen politischen Gründen wagte, 1925 bei der Reichspräsidentenwahl gegen Hindenburg für den Zentrumskandidaten Marx einzutreten, da kannte die Entrüstung evangelisch-kirchlicher Kreise keine Grenzen.

Gerade evangelisch-kirchliche Laienkreise waren zum guten Teil der alten Armee verbunden durch Offiziers-

und Reserveoffiziersstellungen. Es waren diese Schichten, die nach Kräften bemüht waren, die Weimarer Republik in den Staub zu ziehen. Das geschah in Scherz und Ernst: die Ebert-Witze, die beständige Anklage der »atheistischen« Republik, die Verkennung der ethisch-idealen Abschnitte der Weimarer Verfassung – alles dies fand in jenen Kreisen Beifall. Und auch dort, wo eine ernstere und verantwortungsbewußtere Auffassung herrschte, in den Kreisen der juristischen und theologischen Kirchenführer, war z.B. bei ökumenischen Tagungen die erste Sorge doch die Wahrung |[24] der nationalen Belange und die Frage, wie die gemeinsamen Beschlüsse von dem (deutsch-nationalen!) Kirchenvolk der Heimat aufgenommen werden würden. Die Meinung, daß ernste Christen deutsch-national sein müßten, so wie sie von 1880–1914 konservativ gewesen wären, wurde in vielen Gebieten Norddeutschlands zur Selbstverständlichkeit. Und das war die eigentliche Schuld dieser Christen. Nicht ihre politische Entscheidung, sondern die pharisäerhafte Ausschließlichkeit dieser Stellungnahme sei ihnen verdacht.

Zwar trenntnen sich mit den Absplitterungen der Volkskonservativen und des Evangelischen[12] Volksdienstes gerade christliche Kreise von dem Marsch der Deutschnationalen zur »Harzburger Front«, d.h. zur Verbindung mit den Nationalsozialisten, aber das geschah nur für kurze Zeit; denn es kam der Tag der Machtergreifung, und es kam der Tag von Potsdam – und nun schienen die 14 Jahre lang gehegten Träume der »Nationalen« (im weitesten Sinn des Wortes) erfüllt!

Dieser Tag von Potsdam, der 21. März 1933, war recht

---

[12] In den Fahnen in »Christl.-sozialen« korrigiert.

eigentlich zur Verführung der evangelischen Christen gedacht. Hier erfüllte sich das biblische Wort, daß sich der Sa-
tan zum Engel des Lichtes verstellt. Gottesdienste beider
Konfessionen als Auftakt der Reichstagseröffnung (im
evangelischen Hindenburg und Göring als Teilnehmer!),
die Eröffnungsfeier selbst in einer Kirche, in der Potsdamer
Garnisonkirche, dem Symbol der Verbindung von Christentum und Heeresdisziplin, und als Höhepunkt der Besuch des alten Feldmarschalls am Sarge Friedrichs des Großen – es war alles getan, um das Herz nationaler Christen
höher schlagen zu lassen! Da sie sich gewöhnt hatten, nationale Symbolik für das Vehikel christlichen Glaubens zu
halten, wurden sie von dieser Fülle der Symbole überwäl-
tigt. Es kamen schwere politische Enttäuschungen auch für
diese nationalen Christen, und manch einer hat sich, hell-
sichtig geworden, vom Nationalsozialismus abgewandt.
Aber die meisten dieser Gruppe waren nun gefangen. Das
zeigte sich an dem Tag, der allen Christen |²⁵ hätte die Au-
gen öffnen müssen, an dem Mordtag des 30. Juni 1934. Es
ist, soviel man weiß, keiner der dem Reichspräsidenten na-
hestehenden Geistlichen zu ihm, dem allerdings schon
Kranken, gegangen, um ihn zu warnen: hier wird gemordet – und Sie, Herr Reichspräsident, sagen Ja dazu? Hier
sieht man, wie Verhängnis Schuld wird!

In den folgenden Jahren haben die Menschen, um die es
sich hier handelt, einen scheinbaren Rechtsgrund für sich
angeführt: sie beriefen sich darauf, daß der Nationalsozialismus doch nun den Staat darstelle, und daß sie staatstreu
sein wollten wie ihre Väter. Dieser Gedanke von der
Rechtfertigung des Seienden, dessen Urheberschaft im
neuzeitlichen Denken auf niemand anders als auf Hegel
zurückgeht, wird nun evangelisch-christlich begründet:

1. auch Luther habe das weltliche Regiment, wie immer es
sei, als von Gott eingesetzt betrachtet und habe ihm Anwendung von Gewalt und auch Brutalität zugestanden;
2. erst recht habe Paulus jedermann ermahnt, »der Obrigkeit« untertan zu sein (Römer 13) – ohne einen Unterschied zwischen guter und schlechter Regierung zu machen. Dazu ist freilich mancherlei Kritisches zu sagen:

1) Luther hat seine Lehre, daß die weltlichen Berufe von
Gott eingesetzt und die Menschen zu ihnen berufen seien,
im Gegensatz zu mönchischer Verachtung alles Weltlichen
kräftig betont. Aber, soweit es sich dabei um die Obrigkeit
handelte, konnte er stillschweigend zwei Voraussetzungen
machen, die man bei der Berufung auf ihn leicht vergißt:
Er konnte annehmen, daß alle »Obrigkeiten« seines Ge-
sichtskreises grundsätzlich christliche Obrigkeit sein wol-
ten, daß sie also durch die Autorität der Kirche oder des
Wortes Gottes mindestens zu beeindrucken wären. Er
konnte ferner diese Autoritäten als im Herkommen begründet ansehen: Das Wahlkaisertum war eine sichere Institution, und die Tatsache der angestammten Fürstenhäu-
ser auch (wenn auch nicht immer die Grenzen ihrer Ge-
biete). Ebenso waren die Stadtregierungen fest begründet,
und die Frage der |26 geistlichen Fürsten stand bei der Erör-
terung der weltlichen Herrschaften nicht in erster Linie.
Revolutionär neugeschaffene Autoritäten gab es nicht; es
gab in Deutschland auch nicht solche Herrschaften, deren
Einsetzung und Bestehen von dem gewöhnlichen Chri-
stenvolk zu verantworten war. Das Volk hatte gehorsam zu
sein und nicht zu entscheiden!

2) Und nun vollends Paulus – welcher ungeheure Unfug
ist mit den Worten aus Röm. 13 nicht getrieben worden!
Alexander Herzen erzählt, daß unter Nikolaus I. solches

geschehen sei: Die Gerichts- und Polizei-Organe versuchten von den politisch Verhafteten die Namen weiterer Schuldiger zu erpressen; ein Pope stand dabei und trieb sie mit Röm. 13 zur Denunziation an. So hat man auch bei uns die Worte des Paulus zur Rechtfertigung staatlicher Ansprüche – ohne Rücksicht auf die Staatsqualität – zu benutzen gelernt; und so kam es, daß man sich die Prüfung des Staats-Systems allmählich abgewöhnte. Hier zeigt sich aber in den evangelischen Kreisen Deutschlands eine schuldhafte Inkonsequenz von großer Bedeutung. Denn bei dem Staat von Weimar hatte man eine solche Zurückhaltung nicht geübt, sondern hatte sich mit bestem Gewissen über die »atheistische Republik« beklagt – die Republik stand freilich im Geruch des Sozialismus, und das Dritte Reich wurde deutschnational eingeläutet! Es waren also gar nicht geistliche, aus der Bibel gewonnene Argumente allein, die die anfängliche Haltung evangelischer Kreise zum nationalsozialistischen Staat bestimmten.

Aber die biblische Begründung ist auch in sich antastbar. »Jedermann sei den vorgesetzten Gewalten untertan« heißt es. Die Mahnung selbst, die die Autorität des Staates an dem Lob für die Guten und an der Strafgewalt über die Bösen aufweist, sie aber letztlich in Gott begründet, stammt aus jüdischer Tradition, erhält aber einen besonderen christlichen Akzent durch die folgende eschatologische Mahnung: »Das alles tut im Wissen um den gegenwärtigen Augenblick: schon ist die Stunde da, daß ihr vom Schlaf erwachet«. Das Ende der Dinge steht bevor; |[27] damit auch das Ende aller »Gewalten«. Darum braucht der Christ sie nicht noch zu untersuchen, ob sie besser oder schlechter seien. Nicht christlicher revolutionärer Eifer, sondern Gott selbst wird ihnen ein Ziel setzen. Wenn man diese Aussicht bedenkt, wird man die Worte des Paulus nicht mehr im Hegelschen Geist als Rechtfertigung des Bestehenden interpretieren dürfen. Und es kommt noch ein anderes hinzu, was unsere Lage von der des Paulus unterscheidet. Die Christen seiner Zeit sind ein kleines Häuflein außerhalb der offiziellen Welt, ohne Beziehung zu den Machthabern, ohne Einfluß auf die Gestaltung der Völkergeschicke. Denen kann man gut zurufen: haltet still und seid gehorsam – vollends wenn man hinzufügen kann, das Ende aller Dinge sei nahe. Aber so steht es nicht mit den heutigen Christen Europas und Amerikas. Überall in der zivilisierten Welt sind Christen in der Lage, teilzunehmen an der Entscheidung, wie die Staatsgeschäfte geleitet werden sollen. Auch Diktaturen fallen nicht vom Himmel, sondern bahnen sich an. Das gilt vollends von der Hitler-Diktatur, die auf parlamentarischem Wege zustande kam. Wir alle konnten mitentscheiden, am 14. September 1930 und in den folgenden Jahren bis zum 5. März 1933, der die eigentliche Macht-«Ergreifung» in der folgenden Woche ermöglichte. Ob Paulus zu Christen, die in solcher Weise zur Entscheidung aufgerufen waren, auch nur geschrieben hätte »Seid untertan der Obrigkeit«? Wer solches meinen kann, steht unter dem Einfluß eines verhängnisvoll mechanischen Biblizismus. Die Christen von heute durften sich nicht einbilden, sie ständen in der Welt wie die Gemeinde zu Rom in der Mitte des ersten Jahrhunderts. Sie trugen Mitverantwortung. Darum tragen sie heute Mitschuld.

Mit jeder falschen biblizistischen Selbstbeschränkung hängt auch eine kirchliche Selbstbeschränkung zusammen. Die Kirchen wahrten die »kirchlichen Belange«. Wenn der Staat die achtete, waren die Kirchen relativ zufrieden. Es wurde gemordet, gelogen, zum Krieg gerüstet, aber die

evangelischen Kir|[28]chen untersuchten nur, ob die Führung der einzelnen Kirchen »vom Evangelium her« echt
sei. Es ist gewiß zu loben, daß ihre Kritik am eigenen Haus
anfing. Aber es ist nicht zu loben, daß sie eine ganze Zeit
lang auch damit aufhörte. Die evangelische Kirche hatte
sich auch in der Republikzeit nicht an verantwortungsvolles politisches Handeln gewöhnt – sonst wäre die Rede
vom atheistischen Staat nicht so ohne weiteres gesagt und
geglaubt worden. Sie schreckte vor dem Wort »Politik« zurück, wie es der staatstreue Beamte tat. Und hätte sich doch
sagen müssen, daß sie zwar nicht *von* dieser Welt, wohl aber
in dieser Welt sei und darum schwerlich ohne Politik geleitet und behauptet werden könne. Der kleinbürgerliche
Zug, der schon immer für die evangelisch-lutherische Kirche im Guten wie im Schlimmen bestimmend gewesen ist,
minderte die politische Verantwortung. So kam es, daß
von der evangelischen Kirche zunächst keine Warnungsrufe ergingen, als der Nationalsozialismus zur Macht kam
und daß das Kirchenvolk weithin sich an dem Gedanken
begeisterte, nun müsse sich alles zum Guten wenden,
christlicher Glaube und nationale Ehre würden wieder
herrschend und die Schande von Versailles werde getilgt
werden.

V.

So dachte schließlich nicht das Kirchenvolk allein. Denn
von 1933 ab, um die Zeit der Machtergreifung, strömten
die Tausende in die Partei oder wenigstens in die »Gliederungen«. Und wenn diese Darstellung den Standpunkt
vertritt, daß die Verantwortlichen zu allererst in den Wählern der Brüning-Zeit zu suchen sind, so haben doch auch

diejenigen Verantwortung zu tragen, die nun, 1933 und
später, durch Zustrom und Beifall die neubegründete
Herrschaft der NS-Partei festigten und zur Totalität erhoben. Und auch hier gilt es zu begreifen, bevor man anklagt.

Daß Hitler Reichskanzler wurde, war nach allem Vorangegangenen nicht zu vermeiden – das hatten seine Wähler von |²⁹ 1930–32 zu verantworten. Man konnte die
stärkste Partei nicht dauernd in der Opposition belassen.
Aber auch abgesehen von diesem Gesichtspunkt mußten
ernste Beobachter wünschen, daß dem alles versprechenden Magier Gelegenheit gegeben würde, seine Zusagen zu
verwirklichen; das galt vor allem von der Beseitigung der
Arbeitslosigkeit. War es nicht so, daß jeder, der diese Not
zu bannen versprach, als Reichskanzler willkommen sein
mußte? Wenn man heute entdeckt, daß auch damals schon
der Anschlag auf den Völkerfrieden vorbereitet worden sei,
so war das doch in jener Zeit nur den allerwenigsten erkennbar. Die kriegerischen Redensarten in »Mein Kampf«
hielt man für Propaganda – wieviele Politiker hatten nicht,
zur Macht gelangt, Äußerungen ihrer Oppositionszeit verleugnet! Hitlers Friedensreden, des Reiches relativ kleines
Heer, Hindenburgs Friedenswille schienen nicht auf Krieg
zu deuten.

Und alles, was an dem neuen Regime rein propagandistisch und ungeheuer dilettantisch aussah, das meinten
auch jetzt wieder viele als Ausdruck einer ungebärdigen
Jugendlichkeit verstehen zu müssen. Diese antibürgerliche
Jugendlichkeit wirkte anziehend auf Menschen, die den
politischen Betrieb der Jahre zuvor als altmodisch und
langweilig empfanden, die einsahen, daß bei den Wahlen
nicht Anschauungen, sondern Interessengruppen regier-

ten und die statt des parlamentarischen Spiels ein keckes Zupacken ersehnten.

Neben diesen Enthusiasten stehen alle die, die nun der nationalen Parole folgen wollten und nicht einsahen, daß dieser »nationale« Sozialismus sehr vieles zu vernichten anhob, was ihnen als nationales Erbe wert und heilig war: jede Art von Pietät, Ehrfurcht vor Gott, vor dem Alter, vor dem Menschenleben, vor dem Leiden.

Und endlich gesellte sich zu diesem das riesige, unter Parteidruck immer wachsende Heer der Zaghaften, die einfach ihre Stelle behalten wollten. Ihre Sorge um Brot und Familie unterstützten sie mit dem hier[13] schon angeführten Staatsbewußtsein[14], |³⁰ nun sei die vorher revolutionäre Partei legitim geworden, nun sei es Pflicht der Beamten und guten Bürger, in einem Ein-Parteien-Staat dieser einen Partei anzugehören. Wer das nicht von sich aus einsah, dem machten es die Blockwarte und Zellenleiter klar, die bald sanft überredeten, bald mit Maßregeln drohten.

In den Anfangsjahren des neuen Reiches haben auch viele, nur allzuviele geglaubt, daß sie durch ihren Eintritt in die Partei die Dinge besser machen könnten. Sie meinten, wenn jetzt eine große Schar nichtrevolutionärer, staatstreuer Deutscher in die Partei eindringe, werde die Vormachtstellung ihnen zufallen und den »alten Kämpfern« entzogen werden. Sie unterschätzten die entschlossene Radikalität der wirklichen Führer. Wohl aber konnten andere hoffen, durch ihren Eintritt in die Partei in ihrem eigensten kleinen Sektor gute Tradition zu wahren und

---

[13] In den Fahnen gestrichen.
[14] In den Fahnen ist »angeführten Staatsbewußtsein« in »erwähnten loyalen Bewußtsein« korrigiert.

schlechter Revolutionierung zu wehren. In der Tat ist das
auf vielen, namentlich kulturellen Gebieten geglückt. In
Schulen, Kunstinstituten, Akademien, ja auch in vielen
Disziplinen der Hochschulen gelang es, wertvollsten Gei-
stesbesitz zu pflegen und an die nächste Generation weiter-
zugeben. Das war oft nur darum möglich, weil der leitende
Mann als Parteigenosse in der Lage war, der Einmischung
von weiteren Partei-Instanzen entgegenzutreten. Auf diesem Wege ist mehr erhalten worden als die öffentliche
Meinung heute weiß oder wahrhaben will.

Denn die öffentliche Meinung sucht nach »Schuldigen«
und findet sie in den Pg.s und erst recht in den alten Pg.s
und vor allem in den Amtsträgern der Partei. Und diese
»Schuldigen« sollen »bestraft« werden.

Es ist ein Unglück, daß dabei die moralische Kategorie
der Schuld verwendet wird. Wir älteren Deutschen haben
es erlebt, daß mit dem Schuldbekenntnis des Versailler Ver-
trages ein politisches Spiel getrieben wurde. Seitdem sind
wir mißtrauisch gegen die Kategorie »Schuld« innerhalb
der politischen Sphäre. Bei den Alliierten ist die Bewer-
tung eine andere, weil sie auch |[31] diesmal wie 1919 vor al-
lem nach der Kriegsschuld suchen – und deren Schwerge-
wicht anders als 1914 unstreitig auf Hitler und den Seinen
lastet. Wenn man aber unter Deutschen mit anderen Deutschen abrechnen will, so handelt es sich um andere Bela-
stungen und um andere Wiedergutmachungen.

1) Wir denken an unsere Zukunft und wollen unser
Volk geschützt wissen. Dazu gehört, daß wirklich aktive
Parteigenossen nicht wieder an die politische Leitung von
Stadt und Staat herankommen dürfen. Sie müssen eine
Ausnahmestellung einnehmen und politisch entrechtet
werden. Das ist eine Forderung der *Politik*. Und darum

braucht dabei auch gar nicht gefragt zu werden, wie und warum jene Menschen zu diesen Stellungen in der Partei gelangt sind. Ihre »Machtergreifung« interessiert nicht. Es gilt auch nicht, diese zu kränken, sondern das Volk zu schützen.

2) Ganz anders steht es mit den wirklichen Verbrechern. Hier muß gestraft werden. Das ist eine Forderung der *Gerechtigkeit*. Hier werden sich verschiedene Typen unterscheiden lassen. Unter den »kleinen Leuten« gibt es den Menschen mit verbrecherischen Trieben sadistischer oder anderer Art, der durch seine Stellung und die Befehle, die an ihn ergingen, nun plötzlich Gelegenheit erhielt, diese Triebe schrankenlos walten zu lassen. Und es gibt den Menschen voll Beamtengesinnung, der ebenso treu und gehorsam wie er vielleicht früher Pässe ausgestellt und Einwohnerkarteien geschrieben hatte, nun Judenkarteien anlegt und aus ihnen diejenigen aussonderte, die »bestimmungsgemäß« zu deportieren waren. Und es mag auch *der* Typus nicht fehlen, der anfängt wie der zweite und endet wie der erste, der als Beamter Grausamkeiten »zu begehen hat« und dabei sein geheimes verbrecherisches Triebleben entdeckt und walten läßt. Neben den »kleinen Leuten« darf man aber auch die Großen nicht vergessen, die vielleicht nicht selbst gemordet und gequält haben, aber die Befehle dazu ergehen ließen oder die Vollzugs-Organisationen bildeten oder endlich die Atmosphäre schufen, |³² in der ein großes und tüchtiges Volk solches geschehen ließ (denn seit dem 30. Juni 1934 kann niemand sagen, er habe »nichts« gewußt; wenn er auch die Schrecken der Foltern und der Gaskammern nicht kannte, so wußte er, was in deutschen Zeitungen stand – und das war ausreichend zur vorläufigen Urteilsbildung). Wer unser Volk den Blutdurst,

den Haß, das Unrechttun gelehrt hat, darf nicht einherge-
hen, als wäre nichts geschehen.

3) Endlich ist es eine Forderung der *Billigkeit*, daß Nach-
teile, unter denen wir alle leiden, in verstärktem Maß auf
die abgelenkt werden, denen es vorher in der Partei und
wegen der Partei besonders gut ging. Aber die Billigkeit
wird dabei nur gewahrt, sofern man nicht unter dem Einfluß der Leidenschaften handelt.

Maßnahmen der Politik, der Gerechtigkeit, der Billigkeit – aber die eigentliche Frage nach unserer Verantwortung kommt dabei nicht zur Ruhe.

VI.

Man spricht nicht nur von der Schuld der Belasteten, sondern von einer Allgemeinschuld Deutschlands und ver-
langt ein Schuldbekenntnis der Deutschen. Ein chorisches
Pater peccavi-Sagen ist in diesem Fall nicht möglich; denn
die es verlangen, sind keine »patres«; sie stehen nicht zu uns
wie der Vater des verlorenen Sohnes zu diesem. Ein
Schuldbekenntnis, wie es sich ziemt angesichts der Größe
des in unserm Volk und durch unser Volk angerichteten
Unheils, wollen wir gern für dieses Volk und mit ihm able-
gen, aber nur vor dem Einen, der wirklich »der rechte Vater ist über alles, was da Kinder heißt im Himmel und auf
Erden«. Unsere ehemaligen Kriegsgegner können wir
beim besten Willen für nichts anderes halten als für – Menschen. Wir verdenken es ihnen nicht, daß sie gegen uns als
Gesamtvolk jene Grundsätze der Gerechtigkeit und Billigkeit und auch die politischen Schutzmaßnahmen anwen-
den, die wir unter |[33] uns Deutschen selbst gebrauchen und
von denen bereits die Rede war. Wenn aber ein allgemei-

nes Schuldbekenntnis den Gedanken an Strafe herberuft, wer schützt uns davor – da es menschlich zugeht –, daß der Strafheischende sich nicht wandelt in den Rache-Suchenden und dieser wieder in den Beute-Machenden?

Eine Möglichkeit ist noch[15] ausdrücklich auszuschließen. Man könnte verlangen, daß ein Vertreter des deutschen Volkes ein Schuldbekenntnis unterschreibe. Er würde das Ziel des Hasses und der Empörung werden aller derer, die solche Art Bekenntnis für ungeziemend, für falsch, für schändlich halten. Es ist bequem, solch einen Sündenbock zu haben, bequem und – versucherisch: wir haben den Mord an Erzberger erlebt!

Und warum würden viele jetzt, in unserer Lage, einem solchen Bekenntnis die Anerkennung weigern? Weil sie zu wenig von den Vorgängen wissen, als daß sie erschüttert und von eigener Schuld überzeugt wären. Die Propaganda der ehemaligen Gegner hat sie immer wieder an die Konzentrations-Lager erinnert; aber für diese fühlt sich die Mehrzahl der Deutschen nicht verantwortlich (daß es auch dafür eine indirekte, eine Kollektivverantwortung gibt, ist ihnen verborgen). Es wäre hohe Zeit, daß man den Deutschen endlich zeigte, wie alles kam. Die Einsicht in den Ablauf der Dinge allein könnte ihnen beweisen, wie dies oder das, was sie bejahten, notwendig führte zu dem oder jenem, was sie verneinen; nur so könnte ihnen offenbar werden, daß sie Verantwortung tragen. Denn nur in der Verkettung der Ereignisse bekommen diese ihre eigentliche Bewertung. Ich darf noch einmal an Elsaß-Lothringen erinnern. Wie wurde die Angliederung 1871 von Deutschland bejubelt und wie hat sie sich ausgewirkt!

---

[15] In den Fahnen gestrichen.

Dauernder Haß Frankreichs, ungeheure Steigerung der
Rüstungen, explosive Lage, bei der jeder Funke das Unheil
herbeiführen konnte! Es handelt sich heute für uns in erster
Linie nicht um ein Gerichtsurteil, das unsere Schuld konstatiert, sondern um eine Befragung der Geschichte, aus
der sich unsere Verantwortung ergibt. |[34] Eine solche Be-
fragung wurde hier versucht. Sie ging aus von der Verantwortung der Wähler aus den letzten Jahren der Republik,
denn diese Wähler haben Hitler zur Macht verholfen. Sie
befaßte sich mit der Frage, wie gerade Träger der Bildung,
der Autorität, des christlichen Glaubens zu Schrittma-
chern des Ungeistes, der Revolution, der Gottlosigkeit
werden konnten und hielt sich darum an das Beamtentum,
die Wehrmacht und die evangelische Kirche. Was sich
zeigte, war ein erschütterndes Bild. Verfolgt man die Entwicklung von jener Fehlentscheidung des 14. September
1930 rückwärts ins 19. Jahrhundert, so wird man schließlich auf ideale Gedanken geführt, auf Staatsgesinnung, auf
den guten Geist von Potsdam, auf Luthers Lehre von den
zwei Reichen. All das hat eine Entartung durchgemacht,
aber dieser Prozeß rollte so allmählich ab, daß nur der
Rückschauende merkt, wie groß sie war.

Wohl lassen sich Anklagen erheben: gegen die Rück-
ständigkeit des Beamtentums, gegen die Entleerung des
Geistes von Potsdam und die Überschätzung des Reserve-
Offiziers, gegen die Verweltlichung des Bündnisses von
Thron und Altar, gegen die einseitige deutsch-nationale
Färbung der evangelischen Kirche. Aber wer kann sagen,
wo da die wirkliche Schuld beginnt, in welchem Jahre et-
wa die und die Maßnahme hätte unterbleiben sollen! Die
»Schuld« hat keinen erkennbaren Anfang. Es scheint wie
ein Verhängnis auf dem menschlichen Tun zu liegen: gera-

de Taten und Einrichtungen, die den Urhebern zum Ruhm und ihrer Generation zur Förderung gereichen, erzeugen allmählich das Unheil. Eine kleine Unreinheit der ursprünglichen Anlage wird zum Ursprung eines alle umfassenden Verderbens.

Und das ist es, was die Bibel meint, wenn sie von Sünde (in der Einzahl!) redet. Sie meint damit nicht die böse Tat, die erfaßt und bestraft werden kann, sondern jenen kleinen Beisatz von Bösem, der das Gute verdirbt und sich schließlich ins Große entwickelt. Daraus gehen dann erst die »verborgenen Fehler« und hernach die groben Tatsünden hervor. Aber jener Beisatz |35 ist jedem Menschen mitgegeben, und darum redet die kirchliche Lehre von der *Erb*sünde.

Sünde bleibt Sünde. Der Einblick in ihre scheinbare Anfangslosigkeit befreit nicht von der Verantwortung. Die Erbsünde zwar ist allgemein menschlich. Jene furchtbaren Folgen stehen als Möglichkeit allen Völkern zur Verfügung. Und gewiß hat es hier und da auch im Leben anderer Völker furchtbare Ausbrüche gegeben; aber die wirkliche Legalisierung des Bösen wird in dieser Ausdehnung kaum zu finden sein. Warum haben gerade wir Deutschen die den andern mögliche Entwicklung ins Verbrechen hinein zur Wirklichkeit gemacht? Warum ist dies Geschehen gerade und nur ein deutsches Geschehen gewesen? Das ist die Frage, auf die uns jede Selbstbesinnung unweigerlich führt. Wir sind doch sonst ein Volk mit guten Anlagen und großen Möglichkeiten und scheinen, sieht man auf unsere Geschichte, in keiner Weise zum Verbrechen prädestiniert zu sein. Es muß jener kleine Beisatz an Bösem, die Erbsünde, uns in unserer Begabung als besonders entwicklungsfähig mitgegeben sein. Wichtiger als ein allgemeines Bekenntnis

scheint mir der Versuch zu sein, dieses Böse für unseren
Fall zu konkretisieren.

1) In unserer Geistesgeschichte tritt – im Gegensatz zu
Frankreich und vor allem England – die Neigung hervor,
das eben Gewesene zu Gunsten des Seienden oder Kommenden zu verdammen. Jeder Gedankenfortschritt in den
Geisteswissenschaften bemüht sich möglichst radikal zu
sein, und am meisten wird wohl in Theologie und Philosophie das *»incende quod adorasti«* geübt. Wir sind auf diese
Weise bemüht, unseren geistigen Besitz immer wieder
rücksichtslos auf die Probe zu stellen – und diese radikale
kritische Bereitschaft ist ein Fundament unserer wissenschaftlichen Art. Auf der anderen Seite werden wir dadurch entsetzlich undankbar. Und während die englischen
Studenten täglich in den Halls ihrer Colleges voll Verehrung zu den Bildern der grand old men emporsehen, ist
der deutsche Student gewohnt, die Bezeichnung »19. Jahr-
hundert« oder »libe|[36]ralistische Ära« im Sinne der schärf-
sten Verurteilung zu brauchen und sich für Wissenschafts-
geschichte schon darum nicht zu interessieren, weil sie von
Männern handelt, die »wir heute« doch überwunden haben (Medizin und Naturwissenschaft seien ausdrücklich
ausgenommen; da baut man viel zu sehr auf dem Werk der
Vorgänger, als daß man sich Undankbarkeit leisten könnte).

Wenn diese bald zum Guten bald zum Bösen führende
Gepflogenheit nun auf dem Gebiet der Politik geübt wird
– wie das seit 1918 der Fall ist –, so folgt daraus die Zerstörung jeder Kontinuität und ein dauernd wechselnder Pen-
delausschlag von anormaler Weite. Die Republik suchte in
ihrer ersten Periode den Militarismus zu bekämpfen, indem sie den Offizier entehrte. Was Wunder, daß ein Offi-

zier-Ressentiment entstand, das dem Staat von Weimar viele Verlegenheiten bereitete. Der Nationalsozialismus ließ das Pendel nach der anderen Seite hin ausschlagen: traditionelle Regimentsnummern schon bei SA und HJ, militärische Spielereien, Fahnenhissung, Fahnengruß, Märsche, Märsche – und neue Wehrmacht! In Wirklichkeit widersprach die Anwendung der alten Symbole auf die Spielsoldaten der SA jedem militärischen Geist, und die im Kriege durch gewisse Befehle geschehene Herabwürdigung der Truppe hat den deutschen Soldaten weit schlimmer entehrt, als es die Revolutionäre von 1918 taten. Aber diese unheimliche Neigung zum Wechsel der politischen Garnitur aus Empörung, zum »incende quod adorasti« im öffentlichen Leben – diese Neigung, die eine deutsche Spezialität ist – hat die Durchsetzung des Nationalsozialismus wesentlich gefördert.

2) Wir sind von Haus aus wirklich, wie man uns nachsagt, ein Volk der Denker, der Dichter, der Träumer gewesen, wenigstens in der Neuzeit. Wir können uns das Attribut gefallen lassen, denn es deutet auf herrliche, unverlierbare Gaben des deutschen Geistes. Aber, wie bekannt, hat uns diese Begabung auf politischem Gebiet oft und schwer geschadet. Wir hatten Entwürfe, aber keine Taten. Und nun erfolgte auch hier der Pendelaus[37]schlag nach der anderen Seite. Der Deutsche bekam einen grenzenlosen Respekt vor der Tat an sich. Weil das Reich durch wirkliche Taten geeinigt war, weil man also allen Grund hatte zum Lob der echten Tat, sehnte man sich beständig nach dem, was wie Tat aussah, auch wenn es nur den Schein eines Tuns an sich trug. Man machte sich ein Zerrbild des ersten Kanzlers zurecht; man sah ihn, der durch den »cauchemar des coalitions« von einer Nervenkrise in die andere gejagt

war, nur als den Mann, der mit »Kürassierstiefeln dem Ausland auf die Hühneraugen trat«. Und nun konnte alles, was in der langen Friedenszeit ein wenig nach Tat aussah – ganz gleich, ob es richtig, heilbringend, klug oder nur schneidig und herausfordernd war – auf jubelnden Beifall rechnen: Dr. Peters, die Krüger-Depesche, die Landung in Tanger, der »Panzersprung« nach Agadir! Dieselbe Sehnsucht war in der Zeit der Republik wieder wach, und die Herren der Tat waren bald gefunden: Kapitän Ehrhardt, Schlageter, Adolf Hitler! Diese Vergötterung der Tat an sich, des Formalbegriffs »Tat«, an der wir alle ein wenig beteiligt sind, mindestens wir aus der Zeit vor dem ersten Weltkrieg, hat bewirkt, daß unser Volk ganz unkritisch wurde gegenüber den Taten, wenn es eben nur »Taten« waren. Das ist unsere Mitschuld an all den Vertragsbrüchen, Judenverfolgungen, Morden der Hitlerzeit. Unsere Tatbegeisterung hat ihnen den Weg bereitet.

3) Damit hängt etwas anderes zusammen. Wir hatten die Fähigkeit verloren, ideelle Gegensätze sachlich zu bereinigen. Auch dies entspringt einer deutschen Tugend. Wir nehmen solche Auseinandersetzungen furchtbar ernst; wir sind ein Volk, das geistige Gegensätze in der Tiefe begreift und austrägt; die konfessionellen Kämpfe beweisen es und nicht minder der geistige Kampf des 19. Jahrhunderts um die politische Einheit. Aber dabei hat sich die Gewohnheit herausgebildet, den Kampf um Ideen mit aller Schärfe zu führen und am Gegner kein gutes Haar zu lassen. Jede fairness des politischen Kampfes ist geschwun[38]den. Gerüchte, Verleumdungen werden als Waffen benutzt. Auf zwei Gebieten war die Auseinandersetzung so entartet, daß man schon lange vor Hitler fragen konnte, ob wirklich dieses Volk noch in seiner Mehrzahl aus Christen bestehe: in den

Kämpfen zwischen den Konfessionen und im Antisemitismus. Es ist beschämend, daß in beiden Fällen Theologen beteiligt sind – denn auch der Antisemitismus entstammt in seiner neudeutschen Form der »Berliner Bewegung« von 1881, und diese ist ohne den Hofprediger Stoecker nicht zu denken. *Die Intoleranz gegenüber dem Andersdenkenden*, wie sie bei uns in Kirche, Schule und Haus gepflegt worden ist, hat es ermöglicht, daß in Deutschland die furchtbarsten Taten dieser Jahrzehnte geschehen konnten, die Judenverfolgungen! Kein Mensch unserer Zivilisation um 1900 hätte es für möglich gehalten, daß in unserem begabten, gutartigen und mit edelsten Überlieferungen begnadeten Volk dergleichen vorkommen würde. Es war auch nur möglich, weil der Antisemitismus den Juden bereits ideell zum outcast erklärt hatte. Hitler setzte das in die Praxis um, was man in der Idee bereits gebilligt hatte, allerdings in welche Praxis! Aber die vor ihm mit Witzen, Schnoddrigkeit und Verachtung über den Andersdenkenden, den Andersgläubigen, den Andersrassigen geredet haben, sind mitschuldig an der Atmosphäre, in der die furchtbaren Taten erst möglich wurden.

4) Die Deutschen haben in einer mit Recht bewunderten Entfaltung ihres Geistes philosophische Systeme entwickelt, die nicht nur das logische Denken, sondern auch metalogische Spekulation und mystischen Tiefsinn in ihren Bereich ziehen. Die Fähigkeit denkend zu konstruieren ist dabei zu einer unheimlichen Technik entwickelt worden. Von dieser Denktechnik wurde nun auch der Nationalsozialismus ins Leben geleitet. Der *deutsche Tiefsinn* brachte es fertig, für das Parteiprogramm wie für die Parteitaten eine Philosophie zu entwickeln. Die »konkrete Situation«, die Lehre von den Volks-»Ordnungen«, die Ras-

sendogmatik mit dem Glauben an den nordischen Menschen – alles |[39] wurde herangezogen, um das Seiende tiefsinnig zu deuten und das Geschehene zu rechtfertigen.
Und die andern Wissenschaften sind nicht müßig geblieben; nazistische Gelehrte haben die dilettantischen Gedanken der »Bonzen« mit einem Hintergrund versehen, der
ihnen Ansehen und Würde zu geben schien. So konnte die
nationalsozialistische Vergewaltigung der Kirchen, die Praxis der nachträglichen Gesetzesschöpfung für längst begangene Taten, der Bruch der Verträge, die Ermordung der
Geisteskranken, die Deportation der Juden, schließlich der
totale Krieg mit all seinen Methoden wissenschaftlich gerechtfertigt werden. Wer das getan hat, ist schuldig eines
Frevels gegen die Wissenschaft; er ist aber auch mitschuldig
an den Taten, die durch solche Lehren zum Schein ihres
verbrecherischen Charakters entkleidet und also gerechtfertigt wurden.

So erweist sich, wie im Leben des Menschen, so auch im
Leben des Volkes der Beisatz des Bösen, der das Gute verdirbt. Mancher spricht sich heute von Schuld frei, weil er
sich von den letzten fluchwürdigsten Taten mit Entsetzen
abgewendet hat. Aber er ist mitverantwortlich für minder
Schlechtes, ja vielleicht sogenannt Gutes, aus dem jenes
Böse schließlich entstand. Und das ist es, was sich aus unserer Befragung der Geschichte letztlich ergibt. Wir tasten
uns zurück von Ursache zu Ursache und gelangen schließlich in eine relativ harmlose Zone, wo das Gute wohnt,
aber bereits infiziert mit dem Keim des Bösen. Wir haben
ihn nicht wahrgenommen, haben sein Wachstum nicht
ernst genommen, haben das Böse schließlich hingenommen – in dieser Steigerung liegt unsere Verantwortung begründet. Irgendwann und irgendwie haben wir alle durch

Handeln oder Nicht-handeln oder Nicht-genügend-handeln daran teil.

»Schuld« ist ein Begriff, der vielleicht schon zu massiv dafür ist. Eher paßt das Wort »Sünde« im Sinne des Paulus, weil es nicht die böse Tat, sondern die kreatürliche Gottferne bezeichnet. Wir fühlen, wie verstrickt in solche »Sünde« wir sind, wir als Menschen, aber in diesem konkreten Fall wir als Deutsche, |[40] denn gerade bei uns hat sich jetzt und hier diese Entwicklung aus dem Guten zum Schlechten vollzogen. Und gerade die, die heute entrüstet jeden Gedanken an Schuld von sich weisen, gerade die sollen lernen, daß den vaterländischen Idealen, zu denen sie sich bekannten, der Keim des Bösen beigestellt war. Nicht die Ideale als solche waren schlecht, sondern ihre menschliche Verwirklichung ließ dem Bösen zuviel Spielraum. Es ist zuletzt nicht ein politischer, sondern ein menschlicher Tatbestand, auf den wir stoßen. Es bleibt uns nichts anderes übrig, als die Bitte: erlöse uns von dem Bösen!

Es ist gewiß, daß auch die andern Nationen, die andern Kirchen in dieses Gebet einstimmen müssen; aber das berührt uns nicht in einer Stunde, in der wir uns als Deutsche vor Gottes Richterstuhl stellen. Es ist *unsere*, nicht der andern Verantwortung, die uns nicht ruhen läßt; es ist die Liebe zu *unserem* Volk, die uns immer wieder fragen läßt, wie alles dies bei uns geschehen konnte. Und darum gilt es auch noch ein politisches Faktum zu betrachten. Ein solches ist die *Kollektivschuld*. Jeder einzelne kann vielleicht sagen, warum gerade er nichts gegen das Wachsen des Bösen hätte tun können. Das ganze Volk kann sich nicht an der Frage vorbeidrücken, warum keine oder doch zu wenig Gegenwirkung sichtbar wurde, als die Ziele des Nationalsozialismus sich allmählich immer deutlicher enthüllten.

Wir sind alle *zu zaghaft* gewesen *im Innern* und *zu loyal nach Außen.*

Warum stießen die Reden Hitlers vor der Machtübernahme mit ihrer Geschmacklosigkeit, ihrer grob übertreibenden Verunglimpfung des Gegners, ihrem überheblichen Selbstlob nicht auf die einmütige Abwehr mindestens aller Gebildeten? Wo war da der deutsche Geist? Warum trieb der fanatische Rassenhaß des »Führers« nicht alle Denkenden und Glaubenden zu geschlossenem Widerstand? Warum wich man Schritt für Schritt vor der Propaganda zurück? Als unter Brünings Kanzlerschaft in einer deutschen, damals gerade von Fremden überlaufenen Stadt an der Mauer des Flußufers, weithin lesbar »Nieder mit Brüning« |[41] angeschrieben worden war, warum ließ man die Inschrift tagelang stehen und schändete mit dem obersten Reichsbeamten das Reich?

Und dann, nach der Machtergreifung, hatten wir dem Ausland gegenüber ein Bewußtsein der Solidarität mit unserem Reich. Das hätte uns wohl angestanden, wenn wir gleichzeitig im Innern alles getan hätten, um dieses Reich würdig herzustellen. Wer aber im Innern nur stumm duldete, durfte nach außen nicht so auftreten, als wäre dieses Dritte Reich ein Staat. Diese Haltung veranlaßte nun wieder die anderen Mächte dazu, dieses Régime ernst zu nehmen. Sie konnten unmöglich an ein besseres Deutschland appellieren, denn die Leute, die dieses bessere Deutschland hätten bilden sollen, – Diplomaten der Republik-Zeit, Gelehrte, Künstler – sie verweigerten es großenteils, sich von Hitlers Deutschland zu distanzieren; sie blieben Deutschland treu, auch in seiner verwandelten Gestalt. Ihr Rechtssinn, ihr Individualismus war zu schwach entwikkelt, und auch wenn sie Hitler nicht anbeteten, so stand ihnen doch das Vaterland über allen Bedenken. Und schon das bedeutet: fremde Götter anbeten. Denn Gott »über alle Dinge fürchten, lieben und vertrauen« kann einer nur, wenn unter soviel anderen »Dingen« auch das Vaterland dem Gebot Gottes untergeordnet wird. So aber blieben die meisten Deutschen, auf die das Ausland sah (mit Ausnahme der zur Emigration äußerlich oder innerlich Genötigten), loyale Vertreter auch dieses Reiches. Und durften sich nicht wundern, wenn das Ausland seinerseits das national-sozialistische Régime zwar nicht freundschaftlich, aber korrekt behandelte.

Ja, wir alle, Parteigenossen oder Nichtparteigenossen, Hitleranhänger oder Hitlerfeinde, sind – sofern wir nicht Entrechtete, also Juden oder Häftlinge waren – Nutznießer dieses Staates gewesen. Wir bezogen seine Gehälter oder genossen seine Vorteile: seine Steuer-Ermäßigungen, seine Bemühungen um Schönheit der Arbeit oder seine Auto-straßen; es nützte uns indirekt, |42 daß dieser Staat die Währung und die Preise fest erhielt, Kleinkinder gut ver-sorgte, aber in den Jahren vorher haben auch die stillen Opponenten am Gewinn der Zeit teilgenommen. Sie können nicht sagen, dies alles hätte sie nichts angegangen.

Wenden wir den Blick von den konkreten Dingen weg und schauen auf das Ganze des Volkes! Es gibt eine meta-physische Schicksalsgemeinschaft. Wir gehören dazu, zu unserem Volk, dem schuldig-unschuldigen, zu seinem Ge-schick, dem verdient-unverdienten. Keiner kann sich aus-schließen, der diese 12 Jahre als Vollbürger in Deutschland zugebracht hat.

Da ist nun doch etwas sichtbar, was man »Schuld« zu nennen pflegt. Aber es ist etwas ganz anderes, als was man sonst darunter versteht. Es ist keine Schuld, die den Deut-

schen vom Deutschen trennt, den »Unschuldigen« vom
»Schuldigen«, sondern es ist etwas, das uns alle eint unter
dem Schicksal unseres Volkes. Es ist auch keine Schuld, die
vor Menschen »bekannt« werden kann. Hier ist nichts zu
gestehen; hier ist nur in ernster Selbstbesinnung die Einsicht zu gewinnen, wie dies alles aus unserer Geschichte
entstanden ist und wie wir alle daran Anteil haben. Diese
Erkenntnis wird uns willig machen zum Ertragen dessen,
was uns auferlegt ist, und fähig zum Überwinden der
furchtbaren Katastrophe. Schließlich werden wir auf diese
Weise eher in ein ehrliches und anständiges Verhältnis zu
den anderen Völkern kommen als durch ein Schuldbekenntnis vor einem nicht als unbeteiligt anzusehenden
Richterstuhl.

Vor dem aber, der den einzigen über alle Menschlichkeit
erhabenen Richterstuhl inne hat, neigen wir uns in dem
Gebet »Vergib uns unsere Schuld« – und dieses *stille* Bekenntnis wird umso ehrlicher sein, je ernster wir uns auf
uns selbst, auf unser Unheil und seine Ursachen besonnen
haben. Dann dürfen wir auch die Antwort auf unsere Bitte
der Verheißung des Alten Bundes entnehmen: »Gleichwie
ich über sie gewacht habe, auszureuten, zu zerreißen, ab-
zubrechen, zu verderben und zu pla|[43]gen: also will ich
über sie wachen, zu bauen und zu pflanzen, spricht der
Herr« (Jer. 31,28).

Nachweise[16]

S. 9[17]: ein kluger Dichter – ARTHUR SCHNITZLER, Der einsame Weg.[18]

S. 12[19]: Roons Denkschrift – Denkwürdigkeiten des Kriegsministers Grafen von Roon II[4] 1897 S. 531.

S. 15: Äußerungen über Kaiser Wilhelm II.[20]

S. 16[21]: Äußerungen über das deutsche Heer:

Es wird neben die deutsche Kunst (von Bayreuth) gestellt -

Erbprinz ERNST VON HOHENLOHE-LANGENBURG an Cosima Wagner am 17. 9. 06 (Briefwechsel, 1937, S. 250f.).

»Wundervolles Instrument« – Kirchenhistoriker Professor KARL MÜLLER, Tübingen; zitiert von HANNS RÜCKERT in seiner Rede bei der Gedächtnisfeier (Deutsche Theologie 1940, S. 32).

S. 17[22]: JULIUS VON ECKARDT: Lebenserinnerungen I (Leipzig 1910) S. 226–233.[23]

S. 17[24]: »Recht muß doch Recht bleiben« – Mitteilung von Oberhofprediger FRANZ DIBELIUS, des Seel-

---

[16] Von hier an ist der Text nicht im Typoskript überliefert.

[17] In den Fahnen steht irrtümlich »6«.

[18] In den Fahnen handschriftlich ergänzt: »es scheint mir überhaupt, daß jetzt wieder ein besseres Geschlecht heranwächst – mehr Haltung und weniger Geist‹ (S 7).«.

[19] In den Fahnen steht irrtümlich »8«.

[20] In den Fahnen ist diese Zeile gestrichen.

[21] In den Fahnen steht irrtümlich »11«.

[22] In den Fahnen steht irrtümlich »11«.

[23] Die Seitenangabe ist in den Fahnen handschriftlich nachgetragen.

[24] In den Fahnen steht irrtümlich »12«.

sorgers der Herzogin Adelheid von Schleswig-Holstein.[25]

S. 18[26]: »welch eine Wendung« – Telegramm König Wilhelms I. an die Königin nach der Schlacht bei Sedan.[27]

S. 19[28]: Roons Äußerungen über den Krieg – Denkwürdigkeiten des Kriegsministers Grafen von Roon II[4] S. 442ff.

S. 20[29]: Bismarck im Vereinigten Landtag – ERICH MARCKS, Bismark 1815–51, 20. Aufl., S. 356.
Forderung der SS – Werbeplakat in Mannheim.[30]

S. 18[31]: Mißbrauch von Röm. 13 – Alexander Herzen, Erinnerungen Bd. I (Basel und Leipzig, 1931)[32]

S. 37[33]: »Kürassierstiefel« – Dr. Diederich Hahn in der Versammlung des Bundes der Landwirte im Zirkus Busch 1904.[34]

---

[25] Die ganze Belegstelle ist in den Fahnen gestrichen.
[26] In den Fahnen steht irrtümlich »13«.
[27] Die ganze Belegstelle ist in den Fahnen gestrichen.
[28] In den Fahnen handschriftlich in »19« korrigiert.
[29] In den Fahnen in »S. 20« korrigiert.
[30] Diese Zeile ist in den Fahnen gestrichen.
[31] In den Fahnen in »S. 26« korrigiert.
[32] In den Fahnen nachgetragen: »S. 126«.
[33] In den Fahnen steht irrtümlich »27«.
[34] In den Fahnen gestrichen.

Nachwort des Herausgebers

Zum besseren Verständnis des Textes soll kurz über die Lebensgeschichte von Martin Dibelius (1), die Umstände der Entstehung des Textes und das Zensurverfahren (2), die Widmung an den Mediziner Richard Siebeck (3) sowie die der Edition zugrundeliegenden Quellen (4) berichtet werden.

1. Zur Lebensgeschichte

Martin Dibelius[1] wurde am 14. September 1883 als Sohn von Franz Dibelius, Pfarrer und später Oberhofprediger

---

[1] Aus der neueren Sekundärliteratur ist grundlegend: WERNER GEORG KÜMMEL, Dibelius, Martin, in: Theologische Realenzyklopädie, Band 8, Berlin, New York 1981, S. 726–729; DAGMAR DRÜLL, Heidelberger Gelehrten-Lexikon 1803–1932, Berlin u.a. 1986, S. 47; KARL-HEINZ FIX, Martin Dibelius, die Politik seiner Zeit und zwei Theologenberufungen 1930/31 und 1946, in: ZGO 138 (1990), S. 496–504; CHRISTIAN JANSEN, Martin Dibelius oder der Versuch, die Universität zu reformieren, in: Nummer ... 4. Heidelberger Blätter für Politik und Kultur 5 (1990), S. 57–60; DERS., Professoren und Politik. Politisches Denken und Handeln der Heidelberger Hochschullehrer 1914–1935 (Kritische Studien zur Geschichtswissenschaft 99), Göttingen 1992; KARL-HEINZ FIX, Universitätstheologie und Politik. Die Heidelberger Theologische Fakultät in der Weimarer Republik, Heidelberg 1994, S. 93–116; FRIEDRICH WILHELM GRAF, Einleitung zu: Martin Dibelius über »Die Zerstörung des Bürgertums«. Ein Vortrag im Heidelberger Marianne Weber-Kreis 1932, in: ZNThG/JHMTh 4 (1997), S. 114–153. Mit starker Orientierung an K.-H. Fix, Universitätstheologie und Politik jetzt auch: CHRISTIAN JANSEN / JÖRG THIERFELDER, Dibelius, Martin, in: Badische Biographien, N. F. 4, hrsg. von Bernd Ottnad, Stuttgart 1996, S. 52–55.

und Vizepräsident des sächsischen Landeskonsistoriums, und seiner ersten Ehefrau Martha, geb. Hoffmann, in Dresden geboren. Da seine Mutter bereits 1887 starb, wurde Dibelius von seiner »liebevollen, klugen und energischen Stiefmutter« Elsbeth, geb. Köhler, erzogen. Seinem historisch interessierten, theologisch traditionalistischen Vater, dem der Sohn einen »unbefangenen Beamtenkonservativismus« als politische Grundüberzeugung zuschrieb, verdankte Martin die frühe Kenntnis »kirchlicher Angelegenheiten« und politischer Fragen[2]. »Das religiöse Leben, in das ich hineinwuchs, läßt sich als ein freudiges tatbereites und zur Arbeit in der Welt verpflichtendes Christentum andeutend beschreiben.«[3]

Im Studium der evangelischen Theologie, der Philologie und der Philosophie, das er 1901 in Neuchâtel begann und in Leipzig, Tübingen und Berlin fortsetzte, prägten ihn besonders Hermann Gunkel, der führende Alttestamentler der Religionsgeschichtlichen Schule, sowie der Kirchenhistoriker Adolf von Harnack, der aus der Schule Albrecht Ritschls stammte. Dibelius verehrte Harnack als seinen wichtigsten akademischen Lehrer und Mentor, dem er wissenschaftlich und privat eng verbunden blieb. Zum 70. Geburtstag am 7. Mai 1921 dankte Dibelius seinem Lehrer »für das Beste, was ich beruflich zu haben und auch mitteilen zu können mir bewußt bin: für das Leben im Geist der Forschung«[4]. Die Teilnahme an den kirchenhistorischen

---

[2] Martin Dibelius, Zeit und Arbeit, in: Erich Stange (Hrsg.), Die Religionswissenschaft der Gegenwart in Selbstdarstellungen, Band 5, Leipzig 1929, S. 1–37, 3, 26.

[3] Ebda., S. 3.

[4] Brief vom 5. Mai 1921, Nachlaß Adolf von Harnack, Staatsbibliothek Preußischer Kulturbesitz.

Seminaren Harnacks in Berlin habe für ihn die »eigentliche Wendung zur Wissenschaft« bedeutet. Hier habe er die Anwendung philologischer Kleinarbeit auf »große geisteswissenschaftliche Zusammenhänge« und eine »Überwölbung des ganzen durch einen Glauben, der persönliches Wagnis war«, kennengelernt. In seiner kurzen Autobiographie berichtete Dibelius 1929, daß gerade Harnacks exegetische Kleinarbeit den Studenten »das wissenschaftliche Ethos spüren (ließ), kraft dessen Ernst und Sachlichkeit der Arbeitsmethode auch zum Maß der Welt und des Lebens zu werden vermag«[5]. Als der Lehrer und Freund am 10. Juni 1930 in Heidelberg starb, schrieb Dibelius an die Witwe Amalie von Harnack: »Die Welt ist mir ärmer geworden am heutigen Tag ... Es sagt sich nicht leicht, was er meinem Leben bedeutet«[6]. Bei der Heidelberger Trauerfeier für Harnack würdigte Dibelius den Verstorbenen als einen Gelehrten, in dessen Leben »Persönliches und Sachliches, Kleines und Großes in engster Wechselwirkung« standen. Adolf von Harnack habe den Studenten im Seminar bei der Diskussion einer Lesart den »Blick für die geistige Bewegung eines Jahrhunderts, die politische Strömung einer Epoche« erschlossen[7]. Mit seiner Arbeit habe Harnack Schülern, Kollegen und Freunden »den sicheren Weg ihres inneren Lebens zum Ewigen« gewiesen[8].

1905 legte Dibelius das Erste Theologische Examen ab.

---

[5] M. Dibelius, Zeit und Arbeit, S. 9.

[6] Brief vom 10. Juni 1921, Nachlaß Adolf von Harnack, Staatsbibliothek Preußischer Kulturbesitz.

[7] Martin Dibelius, Adolf von Harnack zum Gedächtnis, in: ThBl 9 (1930), Sp. 161–164, 161; vgl. auch: Martin Dibelius, Adolf von Harnack, in: Frankfurter Zeitung, 17. November 1935.

[8] Ebda., Sp. 163.

Mit einer von Hermann Gunkel angeregten religionsgeschichtlichen Arbeit über »Die Lade Jahwes«[9] erwarb er am
2. Februar 1906 in Tübingen den Grad eines Dr. phil. Die
Rolle des Doktorvaters hatte der angesehene Semitist
Christian Seybold übernommen. Während seiner Zeit als
Religions- und Deutschlehrer an verschiedenen Berliner
Realschulen und an einem privaten Lehrerinnenseminar
trat Dibelius bei der Disputation über die Promotionsthe-
sen seines älteren Vetters Otto Dibelius, der ihn als »Senior«
in Harnacks Seminar stark gefördert hatte, am 5. März 1906
als Opponent auf[10]. Am 6. März 1908 erwarb Dibelius an
der Berliner Theologischen Fakultät den Grad eines Lizen-
tiaten der Theologie. Das selbst gewählte Thema der Lizentiatenarbeit war »Die Geisterwelt im Glauben des Paulus«[11]. Eine noch 1908 als Habilitationsschrift eingereichte
Untersuchung über »Die urchristliche Überlieferung über
Johannes den Täufer«[12] mußte er wegen der Einwände des
einflußreichen Neutestamentlers Bernhard Weiß zurück-
ziehen; die Arbeit, in der Dibelius das Programm einer
formgeschichtlichen Analyse der synoptischen Überlieferung skizzierte, enthalte »zuviel Tendenzkritik«[13]. Doch
konnte sich Dibelius aufgrund der starken Förderung Harnacks und des Neutestamentlers Adolf Deissmann am

---

[9] MARTIN DIBELIUS, Die Lade Jahwes. Eine religionsgeschichtli-
che Untersuchung, Göttingen 1906.

[10] Vgl. ROBERT STUPPERICH unter Mitarbeit von MARTIN STUPPE-
RICH, Otto Dibelius. Ein evangelischer Bischof im Umbruch der Zeiten, Göttingen 1989, S. 46.

[11] MARTIN DIBELIUS, Die Geisterwelt im Glauben des Paulus,
Göttingen 1909.

[12] MARTIN DIBELIUS, Die urchristliche Überlieferung über Johannes den Täufer, Göttingen 1911.

[13] Zit. nach W. G. KÜMMEL, TRE, S. 726.

10. Februar 1910 mit seiner Lizentiatenarbeit an der Berliner Fakultät habilitieren. In seiner Antrittsvorlesung behandelte er den literarischen Charakter der Evangelien. Zum Sommersemester 1915 wurde er als Nachfolger des Religionsgeschichtlers Johannes Weiß – des Sohnes von Bernhard Weiß – auf den Lehrstuhl für Neutestamentliche Kritik und Exegese nach Heidelberg berufen. An erster Stelle ihrer Berufungsliste hatte die Heidelberger Fakultät Wilhelm Bousset, den der Religionsgeschichtlichen Schule zugehörigen Göttinger Extraordinarius, an zweiter Stelle den ebenfalls religionsgeschichtlich arbeitenden Marburger Neutestamentler Wilhelm Heitmüller und erst an dritter Stelle Martin Dibelius genannt. Der vom Ministerium im Einvernehmen mit der badischen Kirchenleitung berufene Heitmüller hatte jedoch abgelehnt. So erhielt Dibelius den Ruf. Trotz ehrenvoller Rufe nach Bonn 1928 und Berlin 1946 blieb Dibelius bis zu seinem frühen Tode am 11. November 1947 in Heidelberg.

1919 veröffentlichte Dibelius die Monographie »Die Formgeschichte des Evangeliums«[14], die als eine der wichtigsten neutestamentlichen Studien des zwanzigsten Jahrhunderts gilt. Schon zwei Jahre später erschien in dem renommierten »Kritisch-exegetischen Kommentar über das Neue Testament«, den Heinrich August Wilhelm Meyer 1832 begründet hatte, ein großer Kommentar zum Jakobusbrief[15], der als ein »Markstein für die Interpretation des

---

[14] Martin Dibelius, Die Formgeschichte des Evangeliums, Tübingen 1919; 6. Auflage (= 3. Neudruck der 3. Auflage) Tübingen 1971.

[15] Der Brief des Jakobus, für die 7. Auflage bearbeitet von Martin Dibelius (= Kritisch-exegetischer Kommentar über das Neue Testament, 15. Abteilung), Göttingen 1921, 8. Auflage 1956, 9. Auflage

Jakobus« gilt[16]. 1923 publizierte Dibelius dann den grund-
legenden Kommentar zum »Hirten des Hermas«[17], einer
frühchristlichen apokalyptischen Schrift. Auch seine 1925
erschienene Abhandlung »Geschichtliche und übergeschichtliche Religion im Christentum«[18] und die im Jahr
darauf publizierte »Geschichte der urchristlichen Literatur«[19] sind Standardwerke der modernen historisch-kriti-
schen Exegese des Neuen Testaments. So hat der Münche-
ner Neutestamentler Ferdinand Hahn im Geleitwort zur
Neuausgabe von Dibelius' »Geschichte der urchristlichen
Literatur festgestellt: »Martin Dibelius war, was die Geschichte der neutestamentlichen Forschung, insbesondere
den Fortschritt der exegetischen Methodik betrifft, eine
der großartigsten Gestalten unseres Jahrhunderts«[20].

Stärker als andere Neutestamentler suchte Dibelius seine
religionsgeschichtlichen und exegetischen Forschungen
für aktuelle theologische und kirchenpolitische Auseinan-

1957, 10. Auflage 1959. Die 11. Auflage, 1964, bearbeitete Heinrich
Greeven auf der Basis der Vorarbeiten von Martin Dibelius.

[16] Ferdinand Hahn, Vorwort, in: Martin Dibelius, Geschichte
der urchristlichen Literatur. Neudruck der Erstausgabe von 1926 unter Berücksichtigung der Änderungen der englischen Übersetzung
von 1936, hrsg. von Ferdiand Hahn, München 1975, S. 11.

[17] Martin Dibelius, Der Hirt des Hermas (= Handbuch zum
Neuen Testament, Ergänzungsband 4), Tübingen 1923.

[18] Martin Dibelius, Geschichtliche und übergeschichtliche Religion im Christentum, Göttingen 1925; 2., um ein Register erwei-
terte Auflage unter dem Titel »Evangelium und Welt«, Göttingen
1929.

[19] Martin Dibelius, Geschichte der urchristlichen Literatur, 2
Bände, Berlin 1926, 2. Auflage (= Neudruck der Erstausgabe von
1926 unter Berücksichtigung der Änderungen der englischen Übersetzung von 1936, hrsg. von Ferdinand Hahn, München 1975), 3.
Auflage München 1990.

[20] F. Hahn, Vorwort, S. 13.

dersetzungen fruchtbar zu machen. Er veröffentlichte zahlreiche kleinere Studien zur Sozialethik und nahm in seinen neutestamentlichen Publikationen immer wieder zur umkämpften Frage nach der Kulturbedeutung der christlichen Religion Stellung. Gegenüber allen Tendenzen einer Klerikalisierung der Kultur erklärte Martin Dibelius die Autonomie des modernen Kulturlebens zu einer legitimen Folge des spezifisch protestantischen Weltverhältnisses. Zwar gebe es eine katholische Kultur, aber prinzipiell keine protestantische. Denn »der Protestantismus hat die moderne Kultur mitgeschaffen und hat mit ihr durch die protestantischen Menschen, die dieser Kultur dienen, dauernd Fühlung; selbst die Grundlage einer eigenen partikularen Kultur zu sein lehnt er ab. Er kann Kulturfaktor, darf aber nicht Kulturbasis sein, weil jede partikular protestantische Kultur seinem eigenen Weltverhältnis widersprechen würde.«[21] »Das Verhältnis des Protestantismus zur Kultur ist zwar nicht problemlos – weil über jedem Kulturverhältnis einer Religion stärkste Problematik liegt –, aber doch einfach zu umschreiben. Die Lebensbedingungen der modernen Kultur sind vom Protestantismus geschaffen worden, aber diese Kultur hat sich von jeder Bindung an eine Konfession emanzipiert. Und diese Emanzipation liegt durchaus in der Linie des Protestantismus«.[22]

Der musisch hochbegabte Theologe war ein exzellenter Kenner der europäischen Literatur- und Kunstgeschichte. Schon als Gymnasiast hatte er sich intensiv mit klassischer deutscher Literatur und Kunstgeschichte beschäftigt. Im

---

[21] M. Dibelius, Geschichtliche und übergeschichtliche Religion, S. 137.
[22] Ebda., S. 136.

autobiographischen Rückblick erklärte Dibelius dies 1929
mit Deutungsmustern, die im Bildungsbürgertum seit den
neunziger Jahren des 19. Jahrhunderts weit verbreitet waren. Um die Jahrhundertwende hätten die »Spezialisierung
unserer geistigen Kultur«, der Mangel an »Persönlichkeits-
werten« und das »weltanschauliche Vakuum« ihren Höhepunkt erreicht. Dem könne nur durch ein neues »Ideal einer Gesamtbildung« entgegengewirkt werden[23]. In diesem
Sinne schrieb er für Kulturzeitschriften wie die »Blätter der
württembergischen Volksbühne« sowie für Friedrich Naumanns »Hilfe« Aufsätze über Richard Wagner, Friedrich
Schiller und Gerhart Hauptmann. 1946/47 verfaßte er eine Abhandlung über »Individualismus und Gemeindebewußtsein in Johann Sebastian Bachs Passionen«[24].

Martin Dibelius und seine Frau Dora, die Tochter des
Dresdener Oberlandesgerichtsrates Wittich, mit der er seit
dem 19. Juli 1908 verheiratet war, pflegten enge Kontakte
zu Schriftstellern und bildenden Künstlern. Nach der Revolution von 1918/19 wirkte Dibelius zeitweilig an der
städtischen Kinozensur in Heidelberg mit[25] und er war
Mitglied der städtischen Theaterkommission. 1926 bis
1930 war er Vorstandsmitglied im »Verein Heidelberger
Festspiele«[26].

---

[23] M. DIBELIUS, Zeit und Arbeit, S. 6f.

[24] MARTIN DIBELIUS, Individualismus und Gemeindebewußtsein
in Johann Sebastian Bachs Passionen, in: DERS., Botschaft und Geschichte, Band I: Zur Evangelienforschung, Tübingen 1953, S. 359–
380.

[25] Vgl. die 1946 für die amerikanische Besatzungsbehörde verfaßte »Lebensbeschreibung« im Nachlaß Dibelius, I, C, 2.

[26] Bei OLIVER FINK, Die Festspiele von Heidelberg. Wie man am
Neckar mit Salzburg konkurrieren wollte, in: Frankfurter Allgemeine Zeitung, Nr. 203, 31. August 1996, Bilder und Zeiten, findet sich

Der Lebensstil des Ehepaares glich in Vielem dem von Bohemiens. Zur Heidelberger Kirchenszene wahrte er bildungsbürgerliche Distanz. Der Pfarrerssohn und Theologie-Ordinarius war »so ›unkirchlich‹, dass er kaum je die Kirche besuchte. Er führte zu Hause ein merkwürdiges Leben, indem er nie vor 3 Uhr zu Bett ging, dann bis 11 Uhr vormittags schlief, um 12–1 Uhr Kolleg hielt, und nachmittags Besuche empfing. Er war ein Mann des regsamsten Betriebs. Seine Frau hatte sich im Haushalt ihm ganz angepasst; sie pflegte nachts zu kochen. Wenn man in später Nachtstunde am Hause vorbeikam, sah man immer Licht in den Fenstern. Die beiden Eheleute verstanden sich offenbar sehr gut. Beide war[en] sehr für Literatur und Kunst interessiert, vor allem für das Theater, zu dessen Gönnern und Kommission er gehörte…«[27].

Das Interesse, über die Grenzen der Universität hinaus kulturpolitisch zu wirken, spiegelt sich auch in der intensiven publizistischen Tätigkeit für verschiedene Tageszeitungen. Für die »Frankfurter Zeitung«, die »Vossische Zeitung« und die »Neue Badische Landeszeitung« schrieb Dibelius in den zwanziger und dreißiger Jahren über theologische, kirchliche und politische Gegenwartsfragen.

Seine bildungsprotestantische Weltfrömmigkeit konkretisierte Dibelius im politischen Engagement für den Linksliberalismus. Als Student war er dem »Nationalsozialen Verein« Friedrich Naumanns und dem »Verein Deutscher

---

ein Bild des bei Eröffnung der Festspiele von 1929 veranstalteten Festakts. Dibelius sitzt in der ersten Reihe neben René Schickele, Gustav Hartung, Gerhart Hauptmann, Rudolf Karl Goldschmit, dem Heidelberger Oberbürgermeister Carl Neinhaus und Thomas Mann.

[27] GUSTAV HÖLSCHER, Lebenserinnerungen, ungedrucktes Ms., S. 918f.

Studenten« beigetreten. Letzteren verließ Dibelius jedoch
wegen des in der Studentenvereinigung vorherrschenden
Antisemitismus alsbald wieder[28].

Im Weltkrieg arbeitete er ehrenamtlich in der Schöne-
berger Kriegsfürsorge und nach dem Umzug an den Nek-
kar beim Roten Kreuz mit. Im Herbst 1915 wurde er ein-
gezogen; nach kurzer Ausbildung kam er an die Ostfront.
Darüber hinaus schrieb er kritische Studien über die psy-
chologische Kriegsführung der Deutschen. Im Rückblick
betonte Dibelius, daß ihm gerade seine historische Kompetenz dazu verholfen habe, die Situation des kriegführen-
den Deutschland realistisch zu sehen. »Ich habe mich nach
Kräften bemüht, den nationalen Verteidigungswillen zu
stärken, aber auch die oft schwer erfaßbare Wahrheit zu erkennen und mich wie andere vor einer Überschätzung unserer Lage zu bewahren. Die aus der historischen Arbeit er-
wachsende Skepsis gegenüber Gerüchten, Wunschnach-
richten und Sensationen half dabei mit.«[29] In Reden und
Aufsätzen sowie durch die Beteiligung an diversen lokalen
und reichsweiten gelehrtenpolitischen Aktionen wandte er
sich gegen eine annektionistische Kriegszielpolitik und
forderte innenpolitische Reformen[30].

1919 trat Dibelius in die »Deutsche Demokratische Par-
tei« (DDP) ein. Obgleich er die SPD als eine proletarische
Milieupartei kritisierte, die noch weit vom Ideal einer
»Kulturpartei« entfernt sei, befürwortete er Koalitionen

---

[28] Lebensbeschreibung, Nachlaß Dibelius, I. C. 2. Das genaue
Datum des Austritts aus dem Verein Deutscher Studenten ließ sich
bislang nicht feststellen.

[29] M. DIBELIUS, Zeit und Arbeit, S. 29.

[30] Für Einzelbelege: K.-H. FIX, Universitätstheologie und Politik,
S. 93–96.

der DDP mit der nun staatstragenden Sozialdemokratie.
Im Unterschied zu anderen Heidelberger Ordinarien
nahm er die Mühe der Parteiarbeit auf sich und warb in
Wahlkämpfen als Redner für die DDP. In den Auseinandersetzungen um die Nachfolge des verstorbenen Reichspräsidenten Friedrich Ebert ergriff er öffentlich für den
Kandidaten Wilhelm Marx und gegen Paul von Hindenburg Partei, weshalb er, gleich anderen verfassungstreuen
Kulturprotestanten, in der konservativen protestantischen
Kirchenpresse heftig angegriffen wurde. 1930 verließ er
demonstrativ die DDP, weil sie sich mit konservativ-christ-
lichen Gewerkschaftskreisen und antisemitischen Gruppen
zur »Deutschen Staatspartei« verband. Obwohl er die SPD
nun als die ihm »nächststehende Partei« bezeichnete, trat er
ihr nicht bei[31].

Martin Dibelius verstand sich als Gesinnungsrepublika-
ner. So kämpfte er entschieden gegen den Nationalsozialismus und den innerhalb des kirchlichen Mehrheitsprote-
stantismus verbreiteten Antisemitismus. Dies trug ihm von
seiten nationalsozialistischer Studenten viel Feindschaft
ein. Im Salon von Marianne Weber, der Witwe Max We-
bers, analysierte er mit hoher analytischer Kompetenz
1932 »Die Zerstörung des Bürgertums« und die schnelle
Durchsetzung der neuen antiliberalen Vergemeinschaf-
tungsideologien[32]. Nach der »deutschen Revolution« der
Nationalsozialisten, die er als prominenter Teilnehmer einer Konferenz des Ökumenischen Rates für Praktisches

---

[31] K.-H. Fix, Universitätstheologie und Politik, S. 104.
[32] Martin Dibelius über »Die Zerstörung des Bürgertums«. Ein
Vortrag im Heidelberger Marianne Weber-Kreis 1932, hrsg. und
eingeleitet von Friedrich Wilhelm Graf (wie Anm. 1).

Christentum am 30. Januar 1933 in Berlin erlebte[33], wurde
Dibelius trotz entsprechender Forderungen der lokalen
NS-Presse[34] zwar nicht entlassen, möglicherweise mit
Blick auf sein großes Ansehen in der englischsprachigen
scientific community. Aber der kompromißlose Gegner
der neuen Machthaber war verschiedensten Repressionen
ausgesetzt: Ohne Angabe von Gründen wurde sein Gehalt
gekürzt; bei zwei Hausdurchsuchungen 1933 und 1934
beschlagnahmte die SA einen Großteil seiner Korrespondenz[35]. Im Sommer 1938 entzog ihm die Gestapo den Paß.

Auch unter den Bedingungen der Diktatur ließ Dibelius
keinen Zweifel an seiner Gegnerschaft zum Nationalsozialismus. Wie andere liberale Intellektuelle konzentrierte er
sich nun auf streng wissenschaftliche Arbeit. Bei den wenigen noch möglichen Auslandsreisen zu kirchlichen Konfe-
renzen (Exekutivausschuß des Ökumenischen Rates für

---

[33] Zu den Ende Januar und Anfang Februar 1933 in Berlin stattfin-
denden ökumenischen Tagungen siehe EBERHARD BETHGE, Dietrich
Bonhoeffer. Theologe, Christ, Zeitgenosse, dritte, durchgesehene
Auflage München 1970, S. 309f. Martin Dibelius hielt am 3. Februar
im Berliner Harnackhaus vor den zahlreichen Gästen aus der Öku-
mene den Festvortrag über »Fragen und Aufgaben der ökumenischen
Bewegung« (Die Eiche 21 [1933], S. 41–49).

[34] Das Heidelberger NS-Blatt »Die Volksgemeinschaft« verlangte
Dibelius' Entlassung, da »seine intime Freundschaft mit den stärksten
Gegnern des Nationalsozialismus den Eingeweihten bekannt« sei
(ANONYM, Rektor Willy Andreas a. D., in: Die Volksgemeinschaft, 6.
Oktober 1933, S. 5).

[35] Vgl. den Bericht in: Die Volksgemeinschaft, 3. Mai 1933, S. 6;
MAX GUTZWILLER, Siebzig Jahre Jurisprudenz, Basel 1978, S. 107;
DOROTHEE MUSSGNUG, Die vertriebenen Heidelberger Dozenten.
Zur Geschichte der Ruprecht-Karls-Universität nach 1933, Heidel-
berg 1988, S. 29. Einige der beschlagnahmten Briefe finden sich in
Abschrift in Dibelius' Personalakte im Badischen Generallandesar-
chiv in Karlsruhe.

Praktisches Christentum in Novi Sad im September 1933, Studienkonferenz des Rates für Praktisches Christentum in Paris im April 1934)[36] und zu Ökumenischen Seminaren in Genf (1934–1936) kritisierte er die Religions- und Kirchenpolitik der Nationalsozialisten sowie die vielfältigen Einschränkung der Rechte deutscher Bürger jüdischer Herkunft.

Dibelius, der der Philosophisch-Historischen Klasse der Heidelberger Akademie der Wissenschaften seit 1923 als außerordentliches und seit 1926 als ordentliches Mitglied angehörte[37], blieb den Sitzungen demonstrativ fern, bei denen Nationalsozialisten zugewählt wurden und der Ausschluß deutsch-jüdischer Akademiemitglieder beschlossen wurde. Doch förderte er die Aufnahme von Mitgliedern der Bekennenden Kirche in die Heidelberger Akademie.

Dibelius wahrte ansonsten bildungsaristokratische Distanz zu den streitenden Parteien im protestantischen »Kirchenkampf«. Schon in den zwanziger Jahren hatte er immer wieder Tendenzen zur Verkirchlichung des Protestantismus verurteilt. »In der evangelischen Frömmigkeit kann also Kirche (d.h. sichtbare, organisierte Kirche) niemals das letzte Wort sein, weil sie eine geschichtliche Erscheinung ist, die Frömmigkeit es aber mit übergeschichtlichen Werten zu tun hat. Damit ist schon gesagt, daß es einen außerkirchlichen Protestantismus gibt und immer geben wird.

---

[36] Vgl. hierzu WOLFRAM WEISSE, Praktisches Christentum und Reich Gottes. Die ökumenische Bewegung Life and Work 1919–1937, Göttingen 1991.
[37] Siehe: UDO WENNEMUTH, Wissenschaftsorganisation und Wissenschaftsförderung in Baden. Die Heidelberger Akademie der Wissenschaften 1909–1949 (Supplemente zu den Sitzungsberichten der Heidelberger Akademie der Wissenschaften. Philosophisch-Historische Klasse 8), Heidelberg 1994, S. 193, 629.

Es gehört zum Wesen des Protestantismus, daß in seinem Bereich religiöse Ströme hervorbrechen, die sich nicht in das gemauerte Bett der Kirche leiten lassen«[38]. Nur eine »Mannigfaltigkeit an Frömmigkeitstypen« entspreche dem »Wesen des Protestantismus«[39]. Diese Position ließ ihn im »Kirchenkampf« sowohl zu den »Deutschen Christen« als zum Teil auch zur »Bekennenden Kirche« Distanz halten. Die »Deutschen Christen« verachtete er wegen ihres Antisemitismus und der völkischen Ideologisierung der universalistischen Brüderlichkeitsreligion Jesu Christi. Viele Theologen der »Bekennenden Kirche« lehnte er wegen ihres theologischen Antiliberalismus und konfessorischen Dogmatismus ab. Nur in Einzelfällen war er bereit, die Bekennende Kirche zu unterstützen[40]. Bei der Ratssitzung des Ökumenischen Rates für Praktisches Christentum, die Ende August 1936 in Chamby stattfand, hielt er sich zur Delegation der Bekennenden Kirche[41].

Seinem engen Freund Hermann Maas, dem theologisch wie politisch liberalen Heidelberger Stadtpfarrer, half er dabei, Bürgern jüdischen Glaubens die Flucht ins Ausland zu ermöglichen[42]. Als Ende Oktober 1940 Heidelberger

---

[38] M. Dibelius, Geschichtliche und übergeschichtliche Religion, S. 123.

[39] Ebda.

[40] Vgl. Gustav Hölscher, Gelehrter in politischer Zeit, in: Ruperto Carola 29 (1976/77), S. 53–60, 58.

[41] R. Stupperich, Otto Dibelius, S. 317; siehe auch: E. Bethge, Bonhoeffer, S. 624–631.

[42] Zu Maas' Aktivitäten zur Rettung verfolgter Juden siehe: Frank Moraw, Die nationalsozialistische Diktatur, in: Geschichte der Juden in Heidelberg, Heidelberg 1996, S. 440–555; Eckart Marggraf, Hermann Maas. Evangelischer Pfarrer und »stadtbekannter Judenfreund«, in: Michael Bosch, Wolfgang Niess (Hrsg.), Der Widerstand im deutschen Südwesten 1933–1945, Stuttgart u.a.

deutsch-jüdische Bürger zur Deportation zusammenge-
trieben wurden, legte Dibelius, wie seine Schülerin Helga
Rusche später berichtete, bei dem Oberbürgermeister
Carl Neinhaus förmlich Protest gegen den eklatanten
Rechtsbruch ein[43].

Dibelius trat keiner NS-Organisation bei, konnte jedoch Anpassungszwängen nicht entgehen. Hatte er dem
britischen Premierminister Neville Chamberlain in der
Sudetenkrise des September 1938 noch emphatisch für die
Erhaltung des Friedens gedankt[44], so beteiligte er sich im
Krieg 1940 an einer vom Auswärtigen Amt initiierten Pro-
pagandaaktion gegen Großbritannien. Bei aller Kritik am
»cant« der britischen Kirchen verkündete Dibelius aber
weder Haß noch Feindschaft. Die Hoffnung auf einen Sieg
der Deutschen teilte er nicht.

Als die nationalsozialistische Kultusbürokratie plante,
die Theologischen Fakultäten zu schließen oder zumindest
ihre Arbeitsmöglichkeiten erheblich einzuschränken, verfaßte Dibelius 1941 eine apologetische Studie »Wozu
Theologie? Von Arbeit und Aufgabe theologischer Wis-

1984, S. 71–82; WERNER KELLER / ALBRECHT LOHRBÄCHER / ECKART
MARGGRAF / JÖRG THIERFELDER / KARSTEN WEBER (Hrsg.), Redet
mit Jerusalem freundlich. Zeugnisse von und über Hermann Maas,
Karlsruhe 1986; FRIEDRICH WILHELM GRAF, »Wir konnten dem Rad
nicht in die Speichen fallen«. Liberaler Protestantismus und »Judenfrage« nach 1933, in: Jochen-Christoph Kaiser / Martin Greschat
(Hrsg.), Der Holocaust und die Protestanten. Analysen einer Ver-
strickung, Frankfurt/M. 1988, S. 151–187.
[43] Vgl. den Nachweis bei: KARL-HEINZ FIX, Martin Dibelius und
die Politik seiner Zeit. Ein politischer Gelehrter in vier Epochen
deutscher Geschichte (1915–1947), Staatsexamensarbeit Heidelberg
1987, masch. schr., S. 37.
[44] Vgl. die Durchschrift seines emphatischen Briefes im Nachlaß
Dibelius, III, B.

senschaft«[45]. Er wollte verhindern, daß das Thema nur von deutschchristlichen Autoren bearbeitet wurde, und in der öffentlichen Diskussion einen Gegenpol zur nationalsozialistischen Kritik an den Theologischen Fakultäten formulieren. Um die Existenzberechtigung der Theologie an den Universitäten aufzuzeigen, ließ er sich auch wider besseres Wissen auf Ideologie und Sprache der Nationalsozialisten ein. Im Ausland gelte die deutsche protestantische Universitätstheologie geradezu als ein Symbol deutscher Wissenschaft. Sie repräsentiere »die Verbindung von Forschung und Lehre … die Beseelung der wissenschaftlichen Kleinarbeit durch die großen geistigen Ideen«. Damit beweise sie auch die Verbundenheit von »Theologie und Volk«[46]. Daß sich die deutsche akademische Theologie gegenwärtig in einer tiefen Krise befinde, rühre nicht von innertheologischen Streitigkeiten her, sondern sei Folge der »grundsätzliche(n) Gegnerschaft von außen«[47], die den Theologen fälschlicherweise unterstellt, »unbeteiligt und nur auf ihre außerweltliche Legitimation gestützt dem Kampf, der Not und dem Aufstieg ihres Volkes« gegenüberzustehen[48]. Dabei sei gerade »die neuere Theologie seit dem Weltkrieg … nicht müde geworden, das Verhältnis des Christen zu den natürlichen ›Ordnungen‹ … Familie, Volk, Rasse immer wieder geschichtlich und dogmatisch-ethisch zu untersuchen und die Verpflichtungen, die sich aus diesem Verhältnis ergeben, eindeutig zu verkünden. Sie hat den Gedanken von der Bindung des gottgehörigen

---

[45] Martin Dibelius, Wozu Theologie? Von Arbeit und Aufgabe theologischer Wissenschaft, Leipzig 1941.

[46] Ebda., S. 75.

[47] Ebda.

[48] Ebda.

Menschen an diese naturgegebenen Mächte ... gegenüber der westlich-rationalen Auffassung vom Staat als die lebensvollere und ursprünglichere vertreten ... Sie hat aber auch aus dieser Auffassung von Volk und Staat heraus einen falschen Biblizismus bekämpft, der gelegentlich in Kundgebungen deutscher Kirchen und ihrer Berufung auf die Worte des Paulus von der Obrigkeit im Römerbrief hervortrat; diese Worte beziehen sich auf das römische Reich, also auf einen Fremdstaat, und sind darum nicht geeignet, die Zugehörigkeit des Christen zum Staat seines Volkstums gültig zum Ausdruck zu bringen. Diese Zugehörigkeit ist naturhafter begründet und darum wärmer temperiert als die kühle Loyalität, die aus Römer 13 spricht«[49]. Um der Sicherung der Existenz theologischer Fakultäten willen machte Dibelius also weitreichende Konzessionen und war bereit, den Erwartungen des nationalsozialistischen Staates zumindest partiell zu entsprechen. Doch betonte er zugleich die Bindung der akademischen Theologie an die christliche Überlieferung und distanzierte sich nachdrücklich von den neuen völkisch-religiösen Weltanschauungen. Ihre Beziehung zum Christentum könne die Theologie niemals aufgeben, da sie sonst zu einer Religionswissenschaft werde, die alle Religionen »mit gleichem objektivem Verständnis« zu behandeln hat. Daran aber könne dem »Nationalsozialismus mit seiner Bewertung des Wirklichen und seiner Neigung zu entschiedener Stellungnahme nicht gelegen sein ... Denn selbst wenn die deutsche Menschheit sich zum größeren Teil vom Christentum abwenden würde, so wäre es doch fruchtbarer und lebensnäher, die Fragen der Religion und der Religionsgeschichte

---

[49] Ebda., S. 76.

aus einem Stehen im Christentum heraus zu behandeln, als aus einem Stehen im Nichts oder in einer geschichtslosen Gegenwartsreligion«[50].

Im Jahr 1942 widmete Dibelius zwei kleinere Arbeiten dem Thema »Rom und die Christen im ersten Jahrhundert« und damit der Frage nach der christlichen Existenz unter einer christentumsfeindlichen Herrschaft[51]. Auch wenn er – anders als in »Wozu Theologie« – keine expliziten Bezüge zur eigenen Situation herstellte, läßt diese Themenwahl doch Dibelius' intensive und historisch reflektierte Beschäftigung mit seiner eigenen Gegenwartslage erkennen. Zwischen den Zeilen, insbesondere in Passagen zu Nero, formulierte er eine entschiedene Kritik an einer unchristlichen Gewaltherrschaft.

Sein großes Ansehen in der englischsprachigen akademischen Welt, seine liberale Grundhaltung und seine prominente Stellung in der Universität machten Dibelius zu einem wichtigen Ansprechpartner für die amerikanischen Besatzungsbehörden bei der Reorganisation der Heidelberger Universität 1945/46[52]. Unmittelbar nach dem Einmarsch der Amerikaner in Heidelberg hatten sich Anfang

---

[50] Ebda., S. 78.

[51] MARTIN DIBELIUS, Rom und die Christen im ersten Jahrhundert (Sitzungsberichte der Heidelberger Akademie der Wissenschaften, Philosophisch-Historische Klasse 2), Heidelberg 1942; MARTIN DIBELIUS, Nero und die Christen, in: Forschungen und Fortschritte 18 (1942), S. 189–190.

[52] Siehe auch den im Oktober 1945 geschriebenen Bericht des amerikanischen Theologen Stewart Winfield Herman über die Situation der Heidelberger Theologischen Fakultät, in: CLEMENS VOLLNHALS (Bearb.), Die evangelische Kirche nach dem Zusammenbruch. Berichte ausländischer Beobachter aus dem Jahre 1945 (= AkiZ Reihe A: Quellen 3), Göttingen 1988, S. 241–244, bes. 241. Stewart W. Herman war 1944/45 Mitarbeiter im Office of Strategic

April 1945 die Professoren Otto Regenbogen, Alfred Weber, Else Jaffé, Karl Jaspers und Alexander Mitscherlich in
der Wohnung des SPD-Polikers Emil Henk getroffen, um
über die Zukunft der Universität zu beraten. Es wurde auf
Initiative des amerikanischen Militärgeheimdienstes CIC
(Counter Intelligence Corps) ein Ausschuß einberufen,
dem Dibelius vorstand[53]. Neben dem Vorsitz dieses »Dreizehnerausschusses«, der bei seiner ersten Sitzung am 5.
April 1945 die Wahl der universitären Selbstverwaltungs-
organe vorbereitete, leitete Dibelius, trotz schwerer
Krankheit, auch die Verwaltung der Heidelberger Akademie der Wissenschaften. Darüber hinaus übernahm er –
zuerst interimistisch, dann durch Wahl bestätigt – das Amt
des Sekretärs der Historisch-Philosophischen Klasse[54].

Soweit es sein Gesundheitszustand sowie seine universitären und politischen Verpflichtungen zuließen, beschäf-
tigte sich Dibelius nun mit der politischen Rolle der evangelischen Kirche und des protestantischen Bürgertums, besonders seit 1918. Dazu nutzte er auch den Rundfunk als
ein Medium populärer Kommunikation. Bereits am 6. Au-

Service und wurde dann stellvertretender Direktor der Wiederauf-
bau-Abteilung des Ökumenischen Rates der Kirchen in Genf.

[53] Vgl. RENATO DE ROSA, Der Neubeginn der Universität 1945.
Karl Heinrich Bauer und Karl Jaspers, in: Semper Apertus. Sechshun-
dert Jahre Ruprecht-Karls-Universität Heidelberg 1386–1986, hrsg.
von Wilhelm Doerr u. a., Band III: Das zwanzigste Jahrhundert 1918–
1985, Heidelberg u. a. 1985, S. 544–568; EIKE WOLGAST, Karl Heinrich Bauer – der erste Heidelberger Nachkriegsrektor. Weltbild und
Handeln 1945–1946, in: Jürgen C. Heß /Hartmut Lehmann / Vol-
ker Sellin in Verbindung mit Detlef Junker und Eike Wolgast
(Hrsg.), Heidelberg 1945 (Transatlantische Historische Studien 5),
Stuttgart 1996, S. 107–129, bes. 120.

[54] Vgl. U. WENNEMUTH, Wissenschaftsorganisation, S. 544, 584,
560.

gust 1945 hielt Dibelius für die Reihe »Stimmen aus deutschen Universitäten« von Radio Luxemburg einen Vortrag
über die Situation der protestantischen wissenschaftlichen
Theologie in Deutschland; dieser Vortrag ist auf Schallplat-
te überliefert[55]. Dibelius analysierte die theologisch-wis-
senschaftliche Lage hier als ein Theologe, der die wissenschaftliche Entwicklung der neutestamentlichen Exegese
in Deutschland seit 1910 maßgebend mitbestimmt hatte.
Zugleich warf er die Frage auf, wie es in Deutschland zu
den Verbrechen an politischen Gegnern, Kranken und Juden kommen konnte.

Die aktuelle äußere Lage der international einst führen-
den deutschen Theologie stellte sich Dibelius günstiger
dar, als man es »nach der zunehmenden Entfremdung zwischen Partei und Kirche« habe erwarten können. Während
der nationalsozialistischen Diktatur habe die größte »Be-
drohung« der Theologie in der »Drosselung des theologischen Nachwuchses« gelegen. Die nationalsozialistische
Hochschulpolitik habe zudem »die Theologie aus gesamt-
wissenschaftlichen Unternehmungen … ausgeschlossen«.
In die »geschichtliche Forschung innerhalb der Theologie
[habe] die Partei nur im Zusammenhang bestimmter Themen eingegriffen«. Die massivsten Synthesen von theologischer Tradition und völkischer Weltanschauung seien in
der systematischen Theologie entwickelt worden. Indem
die Bindung an den Führer bzw. an den nationalsozialistischen Staat allen anderen Bindungen übergeordnet worden sei, sei der »zwangsläufige Weg« bis zur »Begehung
wirklicher Verbrechen zugunsten der Rasse … zur Ermor-

---

[55] Vgl. das Typoskript im Nachlaß Dibelius, II, G. 3, mit dem
handschriftlichen Vermerk »gesprochen auf Platte 6. 8. 45.«

dung von Geisteskranken und Fremdrassigen« beschritten worden. Die Mehrheit der Deutschen sah Dibelius sehr kritisch. Das deutsche Volk sei zu einem Volk geworden, »das sich jeder überweltlichen Bindung entschlägt, ein Volk ohne Gott ... der Verwirrung durch innerweltliche Parolen rettungslos preisgegeben«.

Für die Erneuerung der Theologie stellte Dibelius drei Forderungen auf: Erstens bedürfe es der sorgfältigen Heranbildung eines wissenschaftlichen Nachwuchses. Zweitens seien die seit 1925 gepflegten ökumenischen Verbindungen wieder aufzunehmen. Denn hier habe die Theologie eine »Art Pionierdienst« für die Wissenschaft insgesamt zu leisten. Drittens stelle sich für die Theologie die Aufgabe, das »eigentümliche« bzw. »absolute« »Wesen christlicher Frömmigkeit« nicht nur historisch-kritisch, sondern mit einer »gewissen Nähe zum Gegenstand« neu zu prägen. Nur so könnten Normen für das »Gemeinschaftsleben der Menschen« gewonnen und eine neue »Sozialethik« sowie eine »Wirtschaftsethik« entwickelt werden. Die Theologie habe auch die Themen zu bearbeiten, die die NSDAP und die Deutschen Christen für sich mißbraucht hätten. Denn durch eine »gelehrte und ... volkstümliche Behandlung« sozialethischer und politisch-ethischer Themen könne die Theologie »einen Beitrag zu der notwendigen Umschulung unseres Volkes« leisten.

Das Interesse, durch theologische Reflexion Orientierungen für eine demokratische Neugestaltung Deutschlands zu gewinnen, spiegelt auch ein damals viel beachteter Essay über das Verhältnis von »Protestantismus und Politik«, den Dibelius im Sommer 1946[56] verfaßte und kurz

---

[56] Zur Datierung des Textes vgl. den Brief von Dolf Sternberger

darauf in der literarisch-politischen Monatszeitschrift »Die
Wandlung« veröffentlichte, die Karl Jaspers, Werner
Krauss, Dolf Sternberger und Alfred Weber seit 1946 in
Heidelberg herausgaben[57].

Nach einer differenzierten historischen Darstellung der
sog. Zwei-Reiche-Lehre Luthers beschrieb Dibelius den
»Verzicht der Kirche auf selbständige Weltgestaltung, auf
politische Aktivität« durch die Schaffung des fürstlichen
Summepiskopats. »Was bei Luther eine sauber erarbeitete
Unterscheidung war, wurde nun zu einer bequemen und
opportunistischen Ressortverteilung«, bei der der Staat
immer stärker in das geistliche Gebiet eingriff[58]. Der daraus
resultierende Mangel an weltgestalterischen Möglichkeiten für den Christen führte im deutschen, vornehmlich
kleinbürgerlichen Luthertum zur Ausbildung eines Be-
rufsethos, das die »Quelle der preußisch-deutschen Beam-
tenethik« wurde[59]. So sei der lutherische Protestantismus
immer stärker zu einer »Stätte des Patriarchalismus« geworden. Nach dem verlorenen Ersten Weltkrieg habe er sein
»Augenmerk hauptsächlich auf die verlorenen Güter: die
Monarchie, die nationale Größe, die allgemeine Wehr-
pflicht« gerichtet[60] und unter dem Schlagwort »vaterlän-
disch« eine Oppositionsstellung gegen die parlamentari-
sche Demokratie eingenommen. Nach seinem »apoliti-

---

an Dibelius vom 13. September 1946, in dem er die Lektüre des Auf-
satzes bestätigt und bedauert, noch keinen Drucktermin angeben zu
können (Durchschlag im Nachlaß Sternberger, Deutsches Literatur-
archiv Marbach).

[57] Martin Dibelius, Protestantismus und Politik, in: Die Wandlung 2 (1947), S. 30–45.

[58] Ebda., S. 38.

[59] Ebda., S. 39.

[60] Ebda., S. 40.

schen Proteste gegen die gottlose Republik« von Weimar habe der Protestantismus jedoch den Tag von Potsdam, der »die Zeit der größten Gottlosigkeit« einleitete, mit dem Segen der Kirche versehen[61].

Luthers originärer Ansatz habe in den Bemühungen der Bekennenden Kirche weitergelebt, »den grundsätzlichen Standpunkt evangelischer Theologie in der Lehre vom Staat zu fixieren und mit vollem Ernst der Martyriums-Bereitschaft im Leben zu vertreten«[62]. Die jüngste Vergangenheit habe gezeigt, daß sich »die Weltfremdheit einer apolitischen Haltung« nicht bewähre. Ein apolitisches Verständnis von Glaube und Kirche sei unter völlig anderen politischen Bedingungen entstanden[63]. Zwar dürfe die Demokratie nicht unreflektiert als einzig christliche Staatsform angesehen werden, da eine biblische Begründung fehle. Doch könne es als sicher gelten, daß »unter unseren Verhältnissen der demokratische Aufbau des Staates das geeignete Fundament für die Betätigung der Nächstenliebe« sei[64]. Anhand der Vorkriegsstudienarbeit der Ökumenischen Bewegung forderte Dibelius einen »Consensus der nichtrömischen Kirchen über ein Mindestmaß an Forderungen«, die »Kriegsverhütung, Menschenrechte … Arbeiterrechte und das Verhältnis von Nation und Welt« betreffen[65].

Angesichts des Fehlens einer entsprechenden Tradition im Protestantismus definierte Dibelius zwei Punkte als Grundvoraussetzungen des politische Wirkens von Chri-

---

[61] Ebda., S. 41.
[62] Ebda., S. 41.
[63] Ebda., S. 42.
[64] Ebda., S. 42f.
[65] Ebda., S. 44.

sten: das aus dem ersten Gebot abgeleitete »Bewußtsein der Verantwortung vor Gott« und die aus der Nächstenliebe abgeleitete »soziale Aktivität«[66]. Zur Verantwortung vor Gott rechnete Dibelius die Ernsthaftigkeit im Umgang mit politischen Fragen, die die »Versachlichung des politischen Lebens und die Redlichkeit des politischen Betriebes unendlich« fördere[67]. Nächstenliebe sei keine äußerliche Sentimentalität oder Wohltätigkeit, sondern die »Vollstrekkung der Christusliebe«. Hierzu müsse ein Wille entbunden werden, der »sich nicht in der privaten Guttat erschöpft, sondern ... zur Maßnahme, zum Gesetz, zum Sozialismus« dränge. Ohne eine »Art Sozialismus« sei eine politische Stellungnahme des Christen nicht denkbar, denn nur so könne ein Denken, das sich an bloßer Besitzstandswahrung orientiere, überwunden werden[68]. Um erfolgreich politisch wirken zu können, müsse der Protestantismus aber ein Doppeltes erkennen: »die Not, in die er durch seine apolitische oder politisch zerfahrene und mißleitete Vergangenheit geraten ist – und die Notwendigkeit ... mit dieser Vergangenheit zu brechen, und sowohl allgemeine Forderungen zu vertreten wie persönliche Verpflichtungen einzuprägen«[69]. In der »Selbstbesinnung des Deutschen« bemühte sich Dibelius, diese Analyse der politisch-ethischen Defizite des deutschen Protestantismus mit Blick auf die Schuldfrage zu konkretisieren und die geforderte Verantwortungsethik zu präzisieren.

Dibelius' schlechter Gesundheitszustand hinderte ihn, sich entsprechend der Wünsche der amerikanischen Besat-

---

[66] Ebda.
[67] Ebda., S. 44f.
[68] Ebda., S. 45.
[69] Ebda., S. 45.

zungsbehörden stärker politisch zu engagieren[70]. Im Sommer 1944 war Dibelius an einer Rippenfellentzündung erkrankt, die zu einer Lungen- und Knochentuberkulose führte. Im Herbst 1945 und im sehr kalten darauffolgenden Winter verschlimmerte sich die Krankheit, und Dibelius, der durch die Wiedereröffnung der Universität, die Evaluierungsarbeiten des »Dreizehnerausschusses« und die Reorganisation der Akademie völlig überarbeitet war, mußte in die Universitätsklinik für Innere Medizin des mit ihm befreundeten Internisten Richard Siebeck eingeliefert werden. Dennoch blieb er rastlos tätig und hielt Vorlesungen vom Krankenbett aus. Seinem Tübinger Verleger Hans-Georg Siebeck schrieb der Neutestamentler am 26. November 1945 aus der Klinik: »Ich befinde mich schon wochenlang in der Klinik Ihres Onkels Richard, kann aber – in einem Hörsaal der Klinik – Vorlesungen u. Übungen halten«[71]. Auch die »Selbstbesinnung des Deutschen« verfaßte Dibelius während des Klinikaufenthaltes.

---

[70] Schon Mitte Mai hatte Dibelius an einem ökumenischen und überparteilichen Gesprächskreis im Heidelberger katholischen Gesellenhaus teilgenommen, bei dem auch über politische Fragen diskutiert wurde; die Amerikaner untersagten aber regelmäßige Treffen, bis General Eisenhower am 6. August die Gründung von Parteien zu fördern begann, siehe: FRIEDERIKE REUTTER, Die Gründung und Entwicklung der Parteien in Heidelberg 1945–1946, in: Heß, Heidelberg 1945 (wie Anm. 53), S. 203–230, bes. 217.

[71] Brief von Martin Dibelius an Hans-Georg Siebeck im Verlag J. C. B. Mohr (Paul Siebeck), Tübingen, vom 26. November 1945. Dibelius' Briefe an den Verleger werden im Archiv des Verlages J. C. B. Mohr (Paul Siebeck), Tübingen, verwahrt. Dibelius' Schreiben sind als hand- oder maschinenschriftliche Originale, Hans-Georg Siebecks Antworten als Durchschläge überliefert.

2. Zur Entstehung des Textes

Als Vorsitzender des »Dreizehnerausschusses« mußte sich Dibelius seit dem Sommer 1945 auch mit der Frage auseinandersetzen, wie mit nationalsozialistischen Professoren umgegangen werden sollte. In einem Unterausschuß, dem neben Dibelius der Historiker Fritz Ernst, der Philosoph Karl Jaspers, der Jurist Gustav Radbruch und der Klassische Philologe Otto Regenbogen angehörten, sollten NS-treue Professoren und Dozenten politisch bewertet werden. Karl Jaspers schrieb im Rückblick über die Verfahrensweise des Ausschusses: »Wir hatten folgendes Prinzip: Vorerst sollten über die einwandfreien Kollegen die positiven Gutachten erstellt werden; negative Gutachten wollten wir zunächst überhaupt nicht machen; die Fragwürdigen schoben wir daher hinaus. Diese Arbeit war im Grunde vergeblich … Unsere Gutachten verloren sich in den Aktenmassen der Amerikaner«[72]. Dibelius vermochte allerdings auf die Entscheidungen der Amerikaner einigen Einfluß auszuüben. Der Historiker Peter Rassow schrieb am 31. Mai 1945 seinem Freund und Kollegen Siegfried A. Kähler aus Heidelberg: »Wir haben den Uebergang von der Nazi-Besetzung zu der der Amerikaner gut überstanden und können nicht anders als anerkennen, daß die jetzige Besetzung mit weit leichterer Hand durchgeführt wird als die vorige. Vor allem sind wir aus der Herrschaft der Lüge heraus … An der Durchführung im Einzelnen kann auch gebessert werden. Sie erkundigen sich eifrig bei Alfred Weber, Marianne Weber, Theodor Heuss, auch bei mir … Da war es die erste

---

[72] KARL JASPERS, Von Heidelberg nach Basel (1967), in: Karl Jaspers, Schicksal und Wille. Autobiographische Schriften, hrsg. von Hans Saner, München 1967, S. 164–183, 170.

Aufgabe, ihnen klar zu machen, daß etwa die Zugehörigkeit zur Partei gar kein hinreichendes Kennzeichen für Nazigeist ist … Besonders wirksam sind, glaube ich, die Erläuterungen, die Dibelius ihnen gibt, denn da er drüben war, kennt er gut die psychologischen Punkte, an die anzuknüpfen ist«[73]. Schulze verwechselt hier in seiner Fußnote Dibelius mit seinem Vetter Otto Dibelius, dem Landesbischof von Berlin-Brandenburg.

Dibelius schrieb Gutachten über Theologen, die Mitglieder der NSDAP und anderer nationalsozialistischer Organisationen gewesen waren und in Publikationen die NS-Weltanschauung propagiert hatten. So verfaßte er ein Gutachten über Gerhard Kittel, den wissenschaftspolitisch schwer belasteten Tübinger Ordinarius für Neutestamentliche Theologie und den Herausgeber des angesehenen »Theologischen Wörterbuchs zum Neuen Testament«[74]. Dibelius empfahl, Kittel angesichts seiner wissenschaftlichen Kompetenz die Stelle eines Redakteurs des »Wörterbuchs« zu geben. Am 15. September 1945 berichtete Dibelius Theodor Heuss über Kittel: »Er ist verhaftet seit Mai, suspendiert vom Amt; ich nehme nicht an, daß er seinen Lehrstuhl wieder bekommt. Ich habe ein Gutachten über die Sachlichkeit seiner Arbeiten zum Judentum verfaßt und mich beim damaligen Kultusminister ›Karlo‹ Schmidt [!] dafür eingesetzt, daß er dem großen Werk als Redakteur erhalten bleibe, an dessen Beendigung die gesamte wissen-

---

[73] Zitiert nach: WINFRIED SCHULZE, Deutsche Geschichtswissenschaft nach 1945, München 1989, S. 66f.

[74] Vgl. LEONORE SIEGELE-WENSCHKEWITZ, Neutestamentliche Wissenschaft vor der Judenfrage. Gerhard Kittels theologische Arbeit im Wandel deutscher Geschichte (Theologische Existenz heute 208), München 1980.

schaftl. Theologie aufs höchste interessiert ist: dem Theol.
Wörterbuch zum Neuen Testament«[75]. Aufgrund Dibelius' guter Beziehungen zu den Amerikanern baten ihn
zahlreiche Personen um »Persilscheine« zu ihrer Entla-
stung[76]. Andere wiederum forderten Dibelius auf, nationalsozialistische Kollegen bei den Amerikanern zu bela-
sten. Der für die Heidelberger Universität zuständige Offizier Edward Yarnall Hartshorne, der als Schüler von Tal-
cott Parsons und Autor einer 1937 publizierten Studie
über »German Universities and National Socialism« gut
mit den deutschen akademischen Verhältnissen vertraut
war, notierte im Juli 1945 in seinem Tagebuch, daß Dibelius »quite disturbed over the persistence of the ›denuncia-
tion habit‹« gewesen sei[77].

Die Evaluierung von Belasteten einerseits und die »de-
nunciation habit« andererseits zwangen Dibelius zu Reflexionen über die Frage, wie »Schuld« angemessen zu bestimmen und zu beurteilen sei. Bei der Wiedereröffnung
der Universität am 15. August 1945 rückten zudem Karl

---

[75] Dibelius an Theodor Heuss am 15. September 1945 (Bundesar-
chiv Koblenz, Nachlaß Theodor Heuss).

[76] Seinem langjährigen Freund Ernst Lohmeyer, einem in Breslau
lehrenden Neutestamentler, berichtete Dibelius am 19. Januar 1946
über Bittsteller und Kollegen, die um positive Gutachten zur Vorlage
bei den Besatzungsbehörden bäten. Über seinen ehemaligen Wider-
sacher Ernst Groh, den nationalsozialistischen Rektor der Heidelberger Universität, schrieb er: »er soll nur keinen ›Schein‹ von mir verlangen. Mit dergleichen habe ich viel zu tun; ich gebe sie eigentlich
nur in Fällen, für deren Beurteilung ich etwas Konkretes, Entlasten-
des beitragen kann. Aber es kommen allerlei Anfragen« (Nachlaß
Ernst Lohmeyer, Geheimes Staatsarchiv Preußischer Kulturbesitz
Berlin-Dahlem).

[77] JAMES F. TENT, Edward Yarnall Hartshorne and the Reopening
of the Ruprecht-Karls-Universität in Heidelberg, 1945: His Personal
Account, in: Heß, Heidelberg 1945 (wie Anm. 53), S. 55–74, 65.

Heinrich Bauer, der Chirurg und erste Rektor, sowie Karl
Jaspers die Frage nach der Schuld der Deutschen ins Zen-
trum ihrer diversen Ansprachen. »Immer wieder ringen
wir um die Klärung der Frage: Sind die Nazi-Schandtaten
jedes Deutschen Mitschuld?«[78] »Tausende haben in
Deutschland im Widerstand gegen das Regime den Tod
gesucht oder doch gefunden, die meisten anonym. Wir
Überlebenden haben nicht den Tod gesucht. Wir sind
nicht, als unsere jüdischen Freunde abgeführt wurden, auf
die Straße gegangen, haben nicht geschrien, bis man auch
uns vernichtete. Wir haben es vorgezogen, am Leben zu
bleiben mit dem schwachen, wenn auch richtigen Grund,
unser Tod hätte doch nichts helfen können. Daß wir leben,
ist unsere Schuld«[79].

Dibelius' Briefe an Helga Rusche lassen erkennen, daß
auch er sich seit dem Sommer 1945 – also schon vor der
sog. Stuttgarter Schulderklärung des neugegründeten Rates der EKD[80] – intensiv mit der »Schuldfrage« auseinan-
dersetzte. Er machte sie in den ersten Wochen des Winter-

---

[78] KARL HEINRICH BAUER, Was bedeutet uns die Universität?, in:
Vom neuen Geist der Universität. Dokumente, Reden und Vorträge, hrsg. von K.[arl] H.[einrich] Bauer (Schriften der Universität
Heidelberg 2), Berlin, Heidelberg 1947, S. 15–18, 16f. Bei dem Text
handelt es sich um eine am 15. August 1945 gehaltene Ansprache des
neuen Rektors bei einem Fortbildungskursus für kriegsapprobierte
Jungärzte.

[79] KARL JASPERS, Die Erneuerung der Universität, in: Vom neuen
Geist der Universität, S. 18–26, 20. Bei diesem Text handelt es sich
um eine Rede bei der Eröffnung der medizinischen Kurse an der
Universität Heidelberg am 15. August 1945.

[80] Dazu grundlegend: Die Schuld der Kirche. Dokumente und
Reflexionen zur Stuttgarter Schulderklärung vom 18./19. Oktober
1945. In Zusammenarbeit mit CHRISTIANE BASTERT hrsg. von MAR-
TIN GRESCHAT, München 1982.

semesters 1945/46 zum Gegenstand seiner Vorlesungen. Gegen die verbreitete Tendenz, Schuld abzuschwächen, wollte er durch Theologisierung des Schuldbegriffs konkrete Verantwortung einschärfen. Es ging ihm um die große Mitschuld jener Deutschen, die die Verbrechen an den jüdischen Mitbürgern mehr oder weniger passiv hingenommen hatten. Schuld könne nur als »Schuld vor Gott« angemessen gedeutet werden, weil erst so die Mitschuld der vermeintlich Gutwilligen sichtbar werde. »Mich bewegt so sehr der Gedanke, daß einer, wenn er schuld an etwas ist, er vor Menschen doch nicht ›die Schuld zu haben braucht‹ – und unsere Schuld vor Gott sich eben darin zeigt, daß guter Wille uns nicht vor ›Schuld daran zu sein‹ schützt«[81]. »Das heute allgemeine Abrücken von ›Schuld‹ kann ich nicht mitmachen. Dazu ist zuviel geschehen. Und wenn wir heute denken, die Zeit ist dafür abgelaufen, so fürchte ich, daß Gott uns noch in eine harte Schule der Buße nehmen wird. Gerade weil die öffentliche Behandlung dieser Dinge nicht zu einer Aufteilung von ›Belastete‹ und ›Nichtbelastete‹ führt, muß auf der Kanzel von der Kollektivschuld – oder wie die Stuttgarter Erklärung sagt, von einer Solidarität der Schuld die Rede sein. Nicht nur die Christen in der Welt erwarten, daß wir davon sprechen, sondern Gott erwartet es von uns. Nicht jammern sollen wir, aber überlegen und fragen: wie war das möglich? Und darum muß sehr viel von vergangenen Dingen die Rede sein, also von Geschichte und Politik«[82]. Am 30. Dezember 1945 kündigte er seiner Schülerin brieflich erstmals an, et-

---

[81] Brief von Martin Dibelius an Helga Rusche vom 30. September 1945.

[82] Ebd.

was zur NS-Affinität vieler Protestanten schreiben zu wollen. »Ich möchte einmal der Frage nachgehen, warum gerade evangelische Christen Hitler zufielen«. Auch die vermeintlich Unschuldigen seien mit ihrer Schuld zu konfrontieren. »Solidarität mit der Schuld des Volkes besteht, schon weil wir alle zu legal waren, und weil wir auch die Vorteile des 3. Reichs genossen. Und darum sollen wir uns ruhig ins Gewissen reden lassen und durchdenken, was geschah ...«[83]. In seinen im Januar und Februar 1946 geschriebenen Briefen an Helga Rusche finden sich viele Formulierungen, die im Text von »Selbstbesinnung des Deutschen« wiederkehren. Somit ist wohl davon auszugehen, daß der Text zu Beginn des Jahres 1946 entstand. Spätestens Mitte März 1946 war die Niederschrift abgeschlossen. Dibelius verfaßte seine »Besinnung« also genau zu jener Zeit, als Karl Jaspers vor Heidelberger Studenten seine später berühmten Vorträge über »Die Schuldfrage« hielt[84].

In der Korrespondenz mit seinem Verleger erwähnte Dibelius den Text über die »Selbstbesinnung des Deutschen« erstmals am 25. März. Sein Arzt Richard Siebeck – der am 10. April 1883 als Sohn des Verlegers Paul Siebeck und dessen Frau Thekla Siebeck, geb. Landerer, in Freiburg geboren worden war – hatte seinem Neffen Hans-Georg Siebeck das Manuskript des prominenten Patienten Mitte März geschickt und zur Publikation vorgeschlagen. Dibelius teilte dem Verleger am 25. März zwar mit, die Arbeit »nicht mit der Absicht der Publikation geschrieben« zu

---

[83] Brief von Martin Dibelius an Helga Rusche vom 4. Februar 1946.

[84] Karl Jaspers, Die Schuldfrage, Heidelberg 1946 (Nachdruck München, Zürich 1987 unter dem Titel: Die Schuldfrage. Zur politischen Haftung Deutschlands).

haben, erklärte sich jedoch bereit, für eine mögliche
Drucklegung noch Verbesserungen vorzunehmen. Siebeck bat daraufhin um ein zweites Exemplar des Typoskripts, da »in der französischen Zone die Vorzensur« bestehe, er deshalb »die Manuskripte vor der Drucklegung zur
Prüfung einreichen« müsse und die »Prüfungsstelle« der
französischen Militärbehörden in Baden-Baden »jedes Manuskript in zweifacher Ausfertigung« verlange[85]. »Ich weiss
nun nicht, wieviel Exemplare Sie besitzen; auf jeden Fall
wäre es nicht ratsam, daß wir die einzigen vorhandenen
Exemplare nach Baden-Baden senden, da eben doch die
Gefahr besteht, daß ein Manuskript dort verloren ginge.
Notfalls könnten wir ja das Manuskript zunächst einmal
setzen lassen und dann die Korrekturfahnen einschicken«.
Da Dibelius nur drei Exemplare besaß, schickte er dem
Verlag am 2. April »eine einseitig beschriebene Druckvor-
lage«, in die er einige kleinere Korrekturen eingetragen
hatte. Dieser Text wurde Ende April gesetzt. Am 17. und
19. Mai sandte Dibelius aus der Klinik die korrigierten
Fahnen an den Verlag zurück und schlug vor, weitere Zi-
tatnachweise und Anmerkungen »erst nach der Zensie-
rung« fertigzustellen. Siebeck hatte die Fahnen inzwischen
nach Baden-Baden geschickt. Das Ganze sollte als 189.
Heft der renommierten »Sammlung gemeinverständlicher
Vorträge und Schriften aus dem Gebiet der Theologie und
Religionsgeschichte« erscheinen. »Ich möchte auf alle Fälle eine größere Auflage für dieses Heft beantragen, da mit
normalen Auflagen bei der Sammlung von 2000 Exempla-
ren in diesem Falle der Bedarf nur zu einem Bruchteil ge-

---

[85] Brief von Hans-Georg Siebeck an Martin Dibelius vom 26.
März 1946.

deckt werden könnte. Ich habe zunächst einmal an 10 000 gedacht. Mehr wird uns wohl kaum für die 1. Auflage bewilligt werden«[86].

Am 31. Mai teilte der Verleger dem Autor mit, aus Baden-Baden noch nichts gehört zu haben. Obwohl ihm gerade ein Nachdruck der bekannten »Geschichte der Leben-Jesu Forschung« Albert Schweitzers[87] untersagt worden war, hoffte er weiter auf eine schnelle Entscheidung. Im Juni und Juli reiste er vergeblich nach Baden-Baden, um bei »Mme Hoffet, der Zensorin für evangelisch-theologisches Schrifttum«, einen positiven Bescheid zu erwirken. Am 25. Juli schrieb Siebeck an Dibelius: »Sie (scil. Mme. Hoffet) war von dem Manuskript, das sie inzwischen gelesen und mit ihrem Gutachten an das Bureau Edition weitergegeben hat, sehr angetan und war besonders über das hohe Niveau der Darstellung erfreut. Sie hatte allerdings ein Bedenken, das sich anscheinend auch in ihrem Gutachten, das sie mir leider nicht zeigen konnte, äusserte, und zwar hat sie den Eindruck, dass Sie eine Korrektur der deutschen Auffassung zu sehr auf einer Änderung des Potsdamer Geistes aufbauen würden. In ihrem Gutachten habe sie aber betont, dass es sich um eine wertvolle Arbeit handle, die unbedingt erscheinen müsse, und sich bereit erklärt, über den Verlag mit dem Verfasser sich über etwaige Einfügungen zu verständigen, die eine gewisse Milderung der Auffassung über den Potsdamer Geist ermöglichen liessen.

---

[86] Brief Siebecks an Dibelius vom 26. März 1946.

[87] »Es wird Sie interessieren, daß die Zensurstelle in Baden-Baden einen Nachdruck der ›Geschichte der Leben-Jesu-Forschung‹ von Albert Schweitzer abgelehnt hat, da die Zensurbehörde ein ablehnendes Gutachten erteilt habe, in dem je ein Abschnitt auf S. 77 und 265 durchgestrichen war« (Siebeck an Dibelius, 31. Mai 1946).

Nun habe ich aber vom Bureau Edition bis jetzt nichts wieder gehört«[88].

Die Begutachtung eingereichter Manuskripte war ein überaus kompliziertes Verfahren. Zwar ist die von den französischen Besatzungsbehörden ausgeübte Zensur wissenschaftlicher Literatur kaum erforscht; in den Arbeiten zur Kulturpolitik der französischen Besatzungsbehörden in Deutschland stehen Schulwesen, Presse und Rundfunk, nicht aber die Universitäten im Vordergrund[89]. Doch gibt es in der Korrespondenz des Verlags J. C. B. Mohr (Paul Siebeck) zahlreiche Hinweise darauf, daß wissenschaftliche Manuskripte sehr penibel begutachtet wurden. In den »Directives pour notre action en Allemagne« vom 20. Juli 1945 hatten sich die Franzosen auf eine Politik der »déprussianisation administrative et culturelle« verpflichtet[90]. Mit dem »Rundschreiben 580« vom 27. Oktober 1945 wurden dann die Angelegenheiten des Buch- und Verlagswesens in der französischen Zone (bis 1947) geregelt. Es wurden ein

---

[88] Hans-Georg Siebeck an Martin Dibelius, 25. Juli 1946. Über die genannte Mitarbeiterin des Bureau Edition, Mme. Hoffet, haben sich keine Informationen gewinnen lassen.

[89] Vgl. JERÔME VAILLANT, Französische Kulturpolitik in Deutschland 1945–1949. Berichte und Dokumente, Konstanz 1984; ANGELIKA RUGE-SCHATZ, Grundprobleme der Kulturpolitik in der französischen Besatzungszone, in: Claus Scharf / Hans-Jürgen Schröder (Hrsg.), Die Deutschlandpolitik Frankreichs und die französische Zone 1945–1949, Wiesbaden 1983, S. 91–110; KLAUS-DIETMAR HENKE, Politik der Widersprüche. Zur Charakteristik der französischen Militärregierung nach dem Zweiten Weltkrieg, in: VfZg 30 (1982), S. 500–537.

[90] RAINER HUDEMANN, Kulturpolitik im Spannungsfeld der Deutschlandpolitik. Frühe Direktiven für die französische Besatzung in Deutschland, in: Franz Knipping / Jacques Le Rider (Hrsg.), Frankreichs Kulturpolitik in Deutschland, 1945–1950, Tübingen 1987, S. 15–33, 19f.

»Bureau Edition«, eine »Production Industrielle« und eine »Direction de l'Éducation Publique« in Baden-Baden eingerichtet. Dem »Bureau Edition« oblag der Verkehr mit den Verlegern, die Zulassung und Lizensierung von Verlagen und die Papierzuteilung. Die »Direction de l'Éducation Publique« war für die Zensur zuständig.

Jeder neu- oder wiedereröffnete Verlag mußte bei der »Direction de l'Information« seine Lizensierung beantragen. Siebeck erhielt diese am 7. Dezember 1945. Für eine Buchveröffentlichung mußte der Verlag beim »Bureau Edition« einen Antrag auf Druckerlaubnis mit einem Fragebogen über den Autor und einem Manuskript in doppelter Ausfertigung oder einem Probedruck einreichen. In der »Direction de l'Éducation Publique« wurde das Manuskript dann einer Vorzensur unterzogen. Danach ging das Buch mit einem Gutachten an das »Bureau Edition« zurück. Bei einem positiven Bescheid des »Bureau Edition« erhielt der Verleger einen Gutschein für das notwendige Papier, der bei der »Production Industrielle« eingelöst werden konnte[91]. Daß dieses umständliche Verfahren zu langen Wartezeiten führte, liegt auf der Hand.

Da in der amerikanischen Besatzungszone das Einzelzensurverfahren bald durch die Genehmigung eines kompletten Verlagsprogrammes ersetzt wurde, bemühten sich die Verleger der französischen Zone 1946 um eine ver-

---

[91] Ernst Umlauff, Der Wiederaufbau des Buchhandel. Ein Beitrag zur Geschichte des Büchermarktes in Westdeutschland nach 1945, Frankfurt/M. 1978, Sp. 89f, 107f; Monique Mombert, Buch- und Verlagspolitik in der französisch besetzten Zone 1945–49, in: Knipping / Le Rider (Hrsg.), Kulturpolitik (wie Anm. 90), S. 227–241, 229, 237; Dies., Sous le signe de la rééducation. Jeunesse et livre en Zone Française d'Occupation (1945–1949), Strasbourg 1995.

gleichbare Regelung. Mehr als einige Einzelbestimmun-
gen zur Beschleunigung des Zensurverfahrens konnten
aber nicht erreicht werden. Erst im August 1948 wurde die
Einzelzensur deutlich gelockert[92].

Im Falle von Dibelius' »Besinnung des Deutschen«
schleppte sich das Verfahren über mehr als zehn Monate
hin, ohne daß irgendein klarer Bescheid erteilt wurde.
Zwar unternahm Siebeck im September 1946 mehrere
Reisen nach Baden-Baden und machte dem nun drängen-
den Autor nach einem Gespräch mit Mme. Hoffet am 6.
September erneut Hoffnung: »Gestern war ich nun in Baden-Baden und habe mich lange mit Mme Hoffet unter-
halten. Sie war selbst erstaunt, dass ich bis jetzt noch keinen
Bescheid wegen der ›Selbstbesinnung‹ erhalten hatte. Auf
dem Bureau Edition, bei dem ich auch war, war über einen
Entscheid der Direction de l'Éducation Publique noch
nichts bekannt. Nun waren ja im August Ferien in Baden-
Baden, und wie mir Mme Hoffet mitteilte, wird der Haupt-
zensor der Direction de l'Éducation Publique erst in diesen
Tagen aus dem Urlaub zurückerwartet. Sie will dann sofort
bei ihm vorsprechen, dass ich die Genehmigung für die
›Selbstbesinnung‹ möglichst rasch erhalten soll. Ich hoffe,
dass wir nun doch in diesem Monat mit dem Druck werden
beginnen können«[93]. Obwohl Siebeck weiter in Baden-
Baden vorsprach, konnte er Dibelius nur Widersprüchli-
ches mitteilen. Am 11. Oktober hoffte er noch, daß der
Text die Zensurbehörden passiert habe: »Bezüglich der
›Selbstbesinnung‹ wurde mir neulich in Baden-Baden erklärt, dass sie bei der Zensur passiert habe, sie muss nun

---

[92] E. UMLAUFF, Buchhandel, Sp. 107f.
[93] Siebeck an Dibelius, 6. Sept. 1946.

noch irgendwo bei der Éducation liegen, worüber mir aber bei meinem letzten Besuch nichts Näheres gesagt werden konnte. Die ›Selbstbesinnung‹ teilt das Schicksal mit verschiedenen anderen Manuskripten, die schon Wochen und Monate vorher in Baden-Baden eingereicht wurden. Es ist wirklich eine unnötige Erschwernis unserer Arbeit, daß Baden-Baden bei der Zensur sich so lange Zeit lässt. Das Bureau Edition … gibt diese Schwierigkeiten auch durchaus zu und bemüht sich zu erreichen, dass einige Verlage von der Zensur befreit werden sollen. Bis jetzt konnte darin aber leider noch kein Erfolg konstatiert werden«[94]. Doch wartete man in den Wochen danach vergeblich auf die erhoffte Drucklizenz. »Über die ›Selbstbesinnung‹ habe ich leider immer noch keinen Bescheid erhalten können. Am kommenden Montag ist wieder ein Herr vom Verlag in Baden-Baden und am 5. und 6. November bin ich selbst auch dort. In beiden Fällen wird versucht, etwas darüber zu erfahren.« »Ueber die Selbstbesinnung ist der Entscheid bis heute noch nicht hier eingetroffen. In Baden-Baden wurde aber in der letzten Woche erklärt, dass ich in diesen Tagen mit einem Bescheid rechnen kann. Ich selbst fahre heute Abend wieder nach Baden-Baden und hoffe, vielleicht dann doch von dort eine endgültige Nachricht mitbringen zu können«[95]. Mitte Dezember ging Siebeck dann davon aus, daß die Druckgenehmigung verweigert werde. »Mit Mme Hoffet habe ich noch einmal wegen der ›Selbstbesinnung‹ gesprochen. Es scheint nun doch so, als ob sie abgelehnt würde. Mme Hoffet, die für die endgültige Entscheidung allerdings nicht zuständig ist, erzählte mir, dass der

---

[94] Siebeck an Dibelius, 11. Oktober 1946.
[95] Siebeck an Dibelius, 4. November 1946.

Grund, der für die Ablehnung wohl maßgebend sei, wohl
der wäre, dass in Ihrer Arbeit – die von ihr an und für sich
sehr begrüsst worden sei – die Neuerstehung des Potsdamer
Geistes gefordert würde. Wie sie zu dieser Auffassung
kommt, ist mir allerdings nicht ganz verständlich. Ich hoffe,
dass ich die endgültige Stellungnahme von Baden-Baden
nun doch bald erhalte. Der Tübinger Officier de l'Information hat jetzt verschiedentlich in Baden-Baden Schritte un-
ternommen, um bei der Zensur dort eine Beschleunigung
zu erreichen und über die jetzt schon seit Monaten dort lie-
genden Manuskripte eine Entscheidung zu erlangen. Ich
hoffe, dass künftighin dadurch doch eine Beschleunigung
in der Zensurfrage erreicht wird«[96]. Zwei Monate später
war aber auch der erwartete ablehnende Bescheid noch
nicht erteilt worden. Im letzten Brief, den er an seinen Autor richtete, schrieb Hans-Georg Siebeck am 14. Februar
1947, es sei ihm »bisher zu meinem Bedauern noch nicht
gelungen, einen endgültigen Bescheid über Ihre ›Selbstbesinnung der [!] Deutschen‹ zu erhalten. Nur der vorläufige
mündliche Bescheid von Mme Hoffet, die mir die Versa-
gung der Lizenz in diesem Falle ankündigen zu müssen
glaubte, ist alles, was ich bis heute habe erfahren können«[97].
Weitere Informationen über das Zensurverfahren zur »Besinnung des Deutschen« haben sich nicht gewinnen lassen.
Im Verlagsarchiv wird keine Korrespondenz mit der französischen Zensurbehörde verwahrt. Nach dem Tode von
Martin Dibelius am 11. November 1947 scheint das Verfahren von keiner Seite mehr betrieben worden zu sein.

Die Gründe für die Verzögerungen lassen sich nur zum

---

[96] Siebeck an Dibelius, 12. Dezember 1946.
[97] Siebeck an Dibelius, 14. Februar 1947.

Teil rekonstruieren. Zwar enthält Dibelius' Text Elemente der Kritik am Versailler Vertrag und an der französischen Politik in der Zwischenkriegszeit. Aber ungleich schärfer kritisierte der Theologe die Defizite der deutschen Politik schon im Kaiserreich, insbesondere die Annexion von Elsaß-Lothringen. Nachdrücklich unterschied er zwischen dem »Geist von Potsdam« und dem aggressiven Militarismus der Nationalsozialisten. Auch wenn er den Geist von Potsdam verklärte, problematisierte er die affirmative Begründung politischer Institutionen auf das Christentum; es ging ihm darum, die kritische Selbständigkeit der Kirche gegenüber dem Politischen geltend zu machen. In seiner historisch-politischen Analyse der Defizite der deutschen politischen Kultur argumentierte er deutlich kritischer als viele andere Teilnehmer der frühen Schulddebatte. Obgleich er den verbrecherischen Charakter des Nationalsozialismus im Kern theologisch, als Abfall eines ganzen Volkes von Gott, als »Rausch« bzw. »Sünde gegen das erste Gebot«[98] und als gewollte Preisgabe jeder Bindung an ethische Prinzipien deutete, war er sehr viel stärker als andere deutsche Theologen nach 1945 bereit, eine relative Autonomie des Politischen anzuerkennen und politische Entwicklungen nicht religiös moralisierend, sondern mit historisch-soziologischen Deutungsmustern zu interpretieren. Insoweit legt sich die Vermutung nahe, daß der in der Tat sehr extensive Gebrauch der Formel »Geist von Potsdam« zur Ablehnung durch die Franzosen geführt hat. Schwer verständlich bleibt allerdings, warum sich Dibelius als Heidelberger Ordinarius nicht um eine Drucklegung bei einem Verlag in der amerikanischen Zone bemühte. Hier mögen, neben

---

[98] Brief an Helga Rusche vom 29. April 1946.

der Krankheit, Loyalitätsbindungen an seinen Tübinger
Hausverlag und wohl auch ein Gefühl der Verpflichtung
gegenüber Richard Siebeck eine Rolle gespielt haben.

3. Die Widmung an Richard Siebeck

Dibelius wollte die Publikation »Richard Siebeck in Dankbarkeit« widmen. Seinen Arzt scheint der Theologe schon
1916 kennengelernt haben, und zwar im Hause von Siebecks Lehrer und Förderer Ludolf Krehl[99]. Über die späteren Beziehungen zwischen dem Mediziner und dem
Theologen ist nur wenig bekannt, da weder im Nachlaß
Siebecks noch im Dibelius-Nachlaß Briefe des jeweils anderen verwahrt werden. Richard Siebecks intensive Kontakte zu liberalen Theologen und seit Februar 1920 zu Karl
Barth, dem wichtigsten Vertreter der neuen Dialektischen
Theologie[100], sowie sein ausgeprägtes Interesse an Religion und der evangelischen Kirche legen es jedoch nahe,
daß Martin Dibelius und er auch dann in Kontakt blieben,
als Siebeck vom Sommersemester 1924 bis zum Winterse-
mester 1930/31 in Bonn und, nach wenigen Semestern in

---

[99] Vgl. Ludolf Krehls Bericht über einen Heidelberger Professo-
renkreis, dem neben den Familien des Mathematikers Carl Köhler,
des Bibliothekars Rudolf Sillib, der Theologen Otto Frommel und
Hans von Schubert, der Mediziner Paul Ernst, Albrecht und Hermann Kossel, August Wagenmann und des Juristen Richard Thoma
auch der junge Ordinarius Dibelius und Siebeck angehörten: Feld-
postbriefe von Ludolf Krehl an seine Frau von September 1914 bis
September 1918, Band 2, o. O. o. J. (Leipzig 1939), S. 9.

[100] Vgl. HARTMUT BAIER / WOLFGANG JACOB, Richard Siebeck
und Karl Barth. Ein Gespräch zwischen Medizin und Theologie, in:
Heidelberger Jahrbücher 29 (1985), S. 115–132; WOLFGANG BAIER,
Richard Siebeck und Karl Barth – Medizin und Theologie im Gespräch. Die Bedeutung der theologischen Anthropologie in der Medizin Richard Siebecks, Göttingen 1988.

Heidelberg, vom Sommersemester 1934 bis zum Sommer 1941 in Berlin lehrte. Politisch standen sie sich, gerade in der Kritik des Nationalsozialismus und im Kampf gegen den Antisemitismus, relativ nahe[101].

An bislang unbeachteter Stelle hat Richard Siebeck seiner Freundschaft mit Martin Dibelius gedacht und dem Verstorbenen eine Art Nachruf gewidmet. Siebecks Hauptwerk »Medizin in Bewegung« enthält die ausführliche Beschreibung des Krankheitsverlaufs eines im Oktober 1944 an »exudativer Pleuritis« erkrankten Patienten, den Siebeck als »Herr[n] F. M., ein[en] 61jährigen Universitätsprofessor« vorstellt[102]. Diese Anonymisierung läßt sich anhand des Krankheitsbildes und der Altersangabe unschwer durch Martin Dibelius ersetzen. »F. M.« steht entweder für »Freund Martin« oder für die in umgekehrter Reihenfolge genannten Vornamen des Theologen: »Franz Martin«. Ausführlich schilderte Siebeck den Verlauf der Krankheit, einer Lungentuberkulose, die auf die Wirbelsäule übergriff, und beschrieb den von kürzeren Phasen der Besserung unterbrochenen Prozeß hin zum Tode. Dann charakterisierte Siebeck seinen Patienten. »In Wesen und Haltung des Kranken ist kaum jemals etwas wahrzunehmen von Last und Bedrängnis durch das Leiden. So wenig heftig und stürmisch wie sein Wesen war, so verlief auch seine Tuberkulose. Er war wohl früher nie gehemmt in seiner großen Arbeitskraft, war vom Schicksal begünstigt durch seine vorzüglichen Gaben und durch das Leben, das ihm, der für alles Schöne so ganz aufgeschlossen und zu allem Guten stets bereit war,

---

[101] D. Mussgnug, Heidelberger Dozenten, S. 47, 64.

[102] Richard Siebeck, Medizin in Bewegung, Stuttgart 1949, S. 251. In der zweiten Auflage des Buches von 1953 ist das Namenskürzel auf S. 225 in »D. M.« geändert worden.

viele Erfolge, Anerkennung und Verehrung von allen Seiten gebracht hatte, der geborgen war in der Liebe seiner Familie und seiner Freunde, dem in und über aller Wissenschaft doch eine ganz reine Gläubigkeit erhalten blieb, von der er nicht mit großen Worten redete«[103]. »›Es ist wohl ein bißchen frühe‹, das war die einzige Klage über das nun nahe bevorstehende Ende. Er starb wie er gelebt hatte, umgeben von der Liebe der Familie und Nahestehender, die ihn besuchten, still gefaßt, in der Erkenntnis, daß ihm nun die Führung seines Lebens aus der Hand genommen war«[104].

4. Zum edierten Text

Die »Selbstbesinnung des Deutschen« ist in dem in der Universitätsbibliothek Heidelberg verwahrten Nachlaß von Martin Dibelius doppelt überliefert[105]. Das Typoskript in Schreibmaschinenschrift umfaßt 32 gezählte Seiten. Der Text ist weitgehend fehlerlos getippt und füllt bis auf einen linken Rand von ca. 3 cm und einen oberen bzw. unteren Rand von ca. 2 cm die Blätter vom Format DIN A 4 weitgehend aus.

Das Typoskript enthält neben wenigen handschriftlichen Korrekturen von Schreibfehlern an 24 Stellen handschriftliche Ergänzungen und Korrekturen inhaltlicher Art. Am oberen linken Rand des ersten Blattes ist von fremder Hand vermerkt »Sammlung gem. Vorträge 189«. Am linken Rand mehrerer Blätter finden sich verschiedene senkrechte Bleistiftstriche, die vermutlich Orientierungshilfen des Setzers waren.

---

[103] Ebd., S. 253.
[104] Ebd., S. 254.
[105] Nachlaß Dibelius, II, E. 6.

Der Text ist zudem in Form eines 43-seitigen Fahnen-
abzugs überliefert. Diese Fahnen sind oben in der Mitte
des Blattes mit einer handschriftlichen Zählung versehen.
Neben dem Text auf den Seiten 3 bis 43 liegt ein vollstän-
dig gestaltetes Titelblatt der »Sammlung gemeinverständlicher Vorträge und Schriften aus dem Gebiet der Theologie
und Religionsgeschichte« vor. Das Titelblatt trägt oben
links den Stempel »Korrektur« und unten rechts den Stempel der Buchdruckerei H. Laupp jr. in Tübingen mit dem
Datumsstempel 27. April 1946. Diese beiden Stempelun-
gen wiederholen sich, dem 8-seitigen Bogen entsprechend, auf den Seiten 9, 17, 25 und 33. Auf Seite 2 des
Fahnenabzuges findet sich die Widmung »Richard Siebeck
in Dankbarkeit gewidmet«. Martin Dibelius hat in diesen
Fahnenabzug seine Korrekturen und Änderungen mit
Tinte eingetragen. Neben Fehlern des Setzers hat Dibelius
in den Fahnen die Großschreibung von Worten nach einem Doppelpunkt in Kleinschreibung korrigiert[106]. Dies
wurde in der Edition nicht vermerkt. Der Wechsel in den
Fahnen von »ss« des Typoskripts zu »ß« wurde stillschweigend übernommen. Unterstreichungen bzw. Sperrung
von Worten im Typoskript sind wie im Fahnenabzug in
Kursivdruck wiedergegeben. Die Seitenumbrüche in den
Druckfahnen werden mit » |³« gekennzeichnet.

Der Text wird nach den Druckfahnen wiedergegeben.
Dibelius' Korrekturen des Wortlauts und die Abweichun-
gen vom Typoskript sind in den Anmerkungen des Herausgebers notiert.

---

[106] Auch im Typoskript schrieb Dibelius nach einem Doppelpunkt groß weiter.

Personenregister

Seitenzahlen ab 51 beziehen sich auf das Nachwort des Herausgebers. Kursive Ziffern verweisen auf Fußnoten der genannten Seite. Martin Dibelius wurde nicht aufgenommen.